スペイン語
レッスン
中級

阿由葉恵利子【著】

スリーエーネットワーク

Published by 3A Corporation.
Trusty Kojimachi Bldg., 2F, 4, Kojimachi 3-Chome, Chiyoda-ku, Tokyo 102-0083, Japan

ISBN978-4-88319-922-8 C0087

First published 2023
Printed in Japan

はじめに

　本書『スペイン語レッスン中級』は、『新・スペイン語レッスン初級』（スリーエーネットワーク）に続くスペイン語の学習本で、一通りスペイン語の基礎を学習した方を対象としています。

　一通り初級文法を覚えても、普段よく使っている日本語の言い回しをスペイン語でどのように表現するのかが分からず、仕方なく「当たらずといえども遠からず」の自分流の限られたスペイン語で言ってしまうというようなことは少なくないのではないでしょうか。スペイン語には、微妙なニュアンスを伝えることのできる幅広い表現方法がありますが、それらの表現を使いこなすには基礎を学習した段階では、まだ構文や語彙の知識などが十分ではありません。また、スペイン語の音声や文書に接する経験も少ない段階では、相手の言うことを正確に理解し、自分の言いたいことを表現するのは難しいことです。

　本書の目的は、スペイン語の基礎の上積みとして、様々な表現形式の習得を通じて豊かなスペイン語の表現を補強することです。更に、表現の基礎となる堅固な文法規則を確認することで、様々な表現を整理して、正しく使いこなせるようになることです。本書が、スペイン語の豊穣さを堪能するとともに、自分の考えをスペイン語で正確に表現できるようになる一助となることを願っています。

　本書の執筆に際して、母語話者の観点からスペイン語の文を丁寧に校閲してくださったヘルマン・ミゲス・バルガス氏と、編集ご担当者としてのみならずスペイン語既習者の観点からも的確で有益なコメントをしてくださったスリーエーネットワークの中川祐穂氏に、書面を借りて心から御礼を申し上げます。

2023年夏

阿由葉恵利子

本書の方針と使い方

　本書『スペイン語レッスン中級』は12課からなります。それぞれの課は「会話」「語彙リスト」「表現」「文法解説」「練習問題」から構成されています。各課の冒頭のページでは、「表現」と「文法解説」で扱う項目を、その項目が使われている「会話」の文とともに示しています。巻末には「練習問題　解答」と「索引」をつけました。

- ●「会話」は、スペインとメキシコを舞台にしました。スペイン語圏諸国は互いに共通点もありますが、それぞれ個性豊かで多彩な文化を形成しています。スペインを舞台にした会話の登場人物はスペインに留学中の日本人大学生メイとスペイン人大学生フアンです。メキシコの会話の登場人物はメキシコに赴任中の日本人会社員ケンタと同僚のメキシコ人カルメンです。スペインとメキシコ、学生生活と社会人の生活を舞台にすることで、異なる国と立場で展開される様々な表現を扱うようにしました。スペイン語と日本語の対訳になっていますので、スペイン語から日本語、日本語からスペイン語に訳す練習もできます。

- ●「語彙リスト」は、『新・スペイン語レッスン初級』に掲載されていない語彙を中心に取り上げています。各単語はいろいろな日本語に訳すことができますが、リストでは例文に対応する意味を掲載しています。別途辞書で単語を確認することで、基本的な意味なども分かり、理解の幅を広げることができます。「練習問題」のスペイン語作文で使う語彙もリストに掲載してありますので、作文の手がかりにしてください。

- ●「表現」では、会話で使われている表現から、表現力を高めるのに役立つ語句や構文をピックアップして解説しています。また、類似表現との異同に関する説明を加えたほか、使い方の幅を広げるための例文を掲載しました。

- ●「文法解説」では、様々な表現形式を習得するにあたって基礎となる文法について解説しています。主に、初級で詳細な説明を省いた文法項目や、再度の確認が必要と思われる内容についての解説を加えました。文法というルールをもとに、多様な表現を整理して理解することを目指しています。

- ●「練習問題」は、各課の「表現」と「文法解説」で扱った表現を確認することを主な目的としています。「表現」と「文法解説」で提示した例文とは異なる文を使っていますので、各表現がどのような場面で使われるかを更に確認してください。

● 参照項目の提示にあたっては、『新・スペイン語レッスン初級』は『初級』と省略しました。

●「索引」では各課の語彙リストに取り上げられた語がabc順に並んでいます。

● 以下のウェブサイトから音声を聴くことができますので、リスニングやシャドウイングの練習に役立ててください。

https://www.3anet.co.jp/np/books/4396/

目次

はじめに
本書の方針と使い方 ··· 4

〈会話タイトル〉

表現

1. ～したいんだけど

   Me gustaría ver una película de anime japonés.

   日本のアニメ映画を見たいんだけど。

2. ～しても構わない

   ¿No te importa que invite a mi primo David también?

   いとこのダビッドも誘っても構わない？

3. ～のように思える

   ¿Te parece bien el próximo sábado por la tarde?

   今度の土曜日の午後でいいかな？

4. ～すぎて…

   A David le gustan tanto que ahora aprende japonés con mucho entusiasmo.

   ダビッドは漫画が好きすぎて今ではすごく熱心に日本語を習っているよ。

5. ～することになる

   Con el tiempo llegará a leer manga en japonés.

   いずれは日本語で漫画を読めるようになるだろうね。

文法解説

目的格人称代名詞の重複

   Se lo avisaré a David.

   ダビッドに知らせておくね。

2. **同等比較**

   No estoy tan ocupada como para no poder ir al cine.

   映画に行けないほど忙しいわけではないわ。

3. **願望文**

   ¡Si lo hubiera sabido antes!

   もっと早く知っていたら！

4. **価値判断の表現**

   Para mí es un poco extraño que Doraemon, Nobita y todos los personajes hablen español tan perfectamente.

   ドラえもんも、のび太も、登場人物がみんな完璧なスペイン語を話すので私にはちょっと変な感じがするんだ。

Conversación Manga 🔊-01

Juan: Mei, ¿puedo pedirte un favor?

Mei: Sí, claro. ¿De qué se trata?

Juan: ¿Podrías ir al cine conmigo? Es que me gustaría ver una película de anime japonés.

Mei: ¡Cómo no! Me encantaría.

Juan: ¿Y no te importa que invite a mi primo David también? A él le gustan mucho los mangas japoneses.

Mei: Por supuesto. No hay ningún problema. ¿Y cuándo vamos?

Juan: Muchas gracias. ¿Te parece bien el próximo sábado por la tarde? ¿O estarás ocupada preparándote para el examen?

Mei: Bueno, el examen será en dos semanas, pero no estoy tan ocupada como para no poder ir al cine.

Juan: Gracias. Entonces, se lo avisaré a David.

Mei: En España realmente es popular el manga japonés, ¿verdad?

Juan: Sí, muchos de mis amigos compran mangas y les encanta leerlos. A David le gustan tanto que ahora aprende japonés con mucho entusiasmo.

Mei: ¡Qué bien! ¿Dónde lo aprende?

Juan: Se imparte un curso de idioma japonés en el Centro Cultural de la universidad.

Mei: Muy bien. ¿Ya habla japonés?

Juan: Sí, un poco. Con mucha dificultad ha aprendido *hiragana* y *katakana*, pero con el tiempo llegará a leer manga en japonés.

Mei: Bueno, espero que siga estudiando japonés.

Juan: David quiere ver libros de manga en japonés. ¿Acaso no tienes algunos?

Mei: Sí, los tengo, pero en Tokio. Lo siento. ¡Si lo hubiera sabido antes!

Juan: No importa. ¿Sabes? No son pocos los jugadores de fútbol que se decidieron a serlo después de leer *Campeones: Oliver y Benji*, o sea *Capitán Tsubasa*.

Mei: ¿De veras? ¡Qué interesante!

Juan: ¿A ti también te gustan los mangas?

Mei: Sí, me gustan mucho. Aquí en España también he visto Doraemon en la tele. Pero para mí es un poco extraño que Doraemon, Nobita y todos los personajes hablen español tan perfectamente.

会話　漫画

フアン：メイ、一つお願いしてもいいかな。

　メイ：うん、もちろん。何？

フアン：一緒に映画に行ってくれる？　実は日本のアニメ映画を見たいんだけど。

　メイ：もちろんよ！　大喜びで行くわ。

フアン：あと、いとこのダビッドも誘っても構わない？　ダビッドは日本の漫画が大好きなんだ。

　メイ：もちろん。全然問題なしよ。それでいつ行く？

フアン：ありがとう。今度の土曜日の午後でいいかな？　それとも試験準備で忙しい？

　メイ：そうね、試験は2週間後だけど、映画に行けないほど忙しいわけではないわ。

フアン：ありがとう。じゃあダビッドに知らせておくね。

　メイ：スペインでは日本の漫画がほんとに人気だよね。

フアン：うん、友達にも漫画を買う人がたくさんいるし、漫画を読むのが大好きだよ。ダビッドは漫画が好きすぎて今ではすごく熱心に日本語を習っているよ。

　メイ：そうなの？　どこで習っているの？

フアン：大学の文化センターで日本語講座をやっているんだ。

　メイ：それはいいね。もう日本語を話せるの？

フアン：うん、少しね。やっとひらがなとカタカナを習ったところだよ。でもいずれは日本語で漫画を読めるようになるだろうね。

　メイ：そうね、日本語を勉強し続けてほしいな。

フアン：ダビッドは日本語の漫画の本を見たがっているんだ。ひょっとして持っていない？

　メイ：ええ、持っているけど東京にあるの。残念だわ。もっと早く知っていたら！

フアン：気にしなくていいよ。知ってる？　*Campeones: Oliver y Benji*、つまり、キャプテン翼を読んでサッカー選手になろうと決心した選手は少なくないんだ。

　メイ：本当？　おもしろい！

フアン：君も漫画好き？

　メイ：ええ、とても好きよ。ここスペインでもテレビでドラえもんを見たわ。でもドラえもんも、のび太も、登場人物がみんな完璧なスペイン語を話すので私にはちょっと変な感じがするんだ。

語彙リスト

会話

manga	漫画
tratarse de 〜	話（問題）は〜である
anime	アニメ

＊「anímé」、「ánime」という表記もありますが、「anime」という表記が一般的です。

encantar	大いに好まれる
por supuesto	もちろん
prepararse para 〜	〜の準備をする
avisar	知らせる
entusiasmo	情熱
impartir	（授業などを）行う、授ける
idioma	言語
seguir ＋現在分詞	〜し続ける
acaso	もしかすると
no poco	〜は少なくない

＊pocoは主語に合わせて性数変化させます。

jugador, -ra	競技者、選手
decidirse	決心する
capitán, -na	キャプテン
o sea	つまり
de veras	本当に
extraño	妙な
personaje	（登場）人物

表現

mayor	大人、成人、年長者
de mayor	大人の時(de niño/ña：子どもの時)
pirámide	ピラミッド
dato	資料、データ
tutear	tú を使って話す
idea	考え
pesca	釣り、漁
fingir	振りをする
resaca	二日酔い
inundarse	浸水する
"me gusta"	「いいね」
blog	ブログ
agotar	枯渇させる
recurso	資源
guerra civil	市民戦争
adquirir	取得する
extremadamente	極端に
violento	乱暴な

文法解説

de pie	立って
alcanzar	追いつく、到達する
conocimiento	意識、知識
mejorarse	回復する

controlar	制御する	complicarse	複雑になる
fuente emisora	発生源	arreglar	調整する
contaminante	汚染物質	paciencia	忍耐力
impresión	印象	soldado	兵士
atravesar	直面する	ataque	攻撃
grave	深刻な	enemigo, -ga	敵
crisis financiera	財政危機	sofocante	息苦しい
indudable	疑いの余地がない	observar	遵守する
emisión	排出	regla	規則
dióxido de carbono	二酸化炭素	indiscutible	議論の余地がない
		darse prisa	急ぐ
tener que ver con 〜	〜と関係がある	horas punta	ラッシュアワー、ピーク時
calentamiento	温暖化、加熱		
la Tierra	地球		

* horas puntas という表記が見られる場合がありますが、二つの名詞から構成される、hora punta, ciudad dormitorio, sofá cama などの語句の複数形は、最初の単語のみ複数形にする（horas punta, ciudades dormitorio, sofás cama）ことが適切とされています。

練習

mentir	嘘をつく	calentamiento global	地球温暖化
aprobar	承認する	enfrentarse	直面する、立ち向かう
proyecto de ley	法案	talón de Aquiles	アキレス腱
congreso	会議、議会		
porqué	理由		
hada	妖精		

*アクセントのあるaまたはhaで始まる女性名詞の単数形の冠詞は、la/unaではなく、el/unをつけます。例えば、el/un aula, el/un hacha。ただし、複数形は女性形をつけます。las/unas aulas, las/unas hachas

表現

1. ～したいんだけど

Me gustaría ver una película de anime japonés.

日本のアニメ映画を見たいんだけど。

〈(a＋人) 間接目的格代名詞＋gustaría＋不定詞／que接続法〉

・gustar は「好まれる」という意味の動詞ですが、gustar の過去未来形 gustaría は願望を婉曲に表します。

  Me gusta comer.　私は食べるのが好きです。

  Me gustaría comer comida peruana.　私はペルー料理を食べたいのですが。

  Nos gustaría hablar con el señor García.

  私たちはガルシアさんとお話ししたいのですが。

  —¿Qué te gustaría ser de mayor?　君は大人になったら何になりたいのかな？

  —Me gustaría ser médico.　お医者さんになりたいな。

・間接目的格代名詞が示すものを強調したり、誰を指すのかはっきりさせたい時は〈a＋人〉を付け加えます。その場合も間接目的格代名詞は外さず、重複させます。(⇒本課文法解説1)

  A Juana le gustaría visitar las pirámides de Egipto.

  フアナはエジプトのピラミッドに行きたがっています。

  (「A Juana」と「le」は重複しますが、「le」は外しません。)

・願望する人(スペイン語では間接目的格代名詞で表される)と願望の内容を行う人が異なり、「(ほかの人に) ～してもらいたい」を表す場合は que 接続法を使って表します。

・主節の gustar が過去未来形なので、従属節の動詞は時制の一致で接続法過去にします。

  Me gustaría que me ayudaras a hacer los deberes.

  宿題をするのを君に手伝ってもらいたいんだけど。

  Nos gustaría que vinieras a Tokio.

  私たちは君に東京に来てもらいたいんだけど。

  Nos gustaría que nos enviaran los datos cuanto antes.

  できるだけ早く私たちに資料を送っていただきたいのですが。

  Me gustaría que no hubiese guerras en el mundo.

  世界に戦争がなければいいんだけれど。

2.　〜しても構わない

¿No te importa que invite a mi primo David también?

いとこのダビッドも誘っても構わない？

〈(a＋人) 間接目的格代名詞＋ no ＋ importar ＋名詞／不定詞／que 接続法〉

・文法上の主語は、名詞／不定詞／que 接続法になります。

・肯定文の〈(a＋人) 間接目的格代名詞＋ importar〉は「〜にとって重要である」
を表します。

　　Me importa mucho el resultado del examen.

　　私には試験の結果はとても重要です。

　　Nos importaba mucho ganar este partido.

　　この試合に勝つことが私たちにとってとても大事でした。

・否定の形にすると「〜にとって重要でない／不都合でない」「気にならない／
構わない」という意味を表現できます。

　　No me importa la lluvia.　　私は雨が降っても平気です。

　　Si no te importa, ¿podemos tutearnos?　　もし良ければ、tú で話してもいい？

　　A Carmen no le importa el precio.　　カルメンには値段は問題ではありません。

　　A Juan no le importa que Elena se case con Carlos.

　　エレナがカルロスと結婚してもフアンは気にしません。

・疑問文にすると相手に不都合がないかを尋ねる表現になります。

　　¿No le importa que abra la ventana?　　窓を開けても構いませんか？

　　¿Te importa dejarme tu diccionario?　　君の辞書を貸してくれない？

・importar を過去未来形にすると丁寧な表現になります。

　　¿Le importaría que le hiciera unas preguntas?

　　質問させていただいても構いませんでしょうか？

16

3. ～のように思える

¿Te parece bien el próximo sábado por la tarde?

今度の土曜日の午後でいいかな？

〈(a＋人) 間接目的格代名詞＋parecer＋名詞／形容詞／副詞＋名詞／不定詞／que接続法〉

・「(人) に～のように思える」を表し、名詞／不定詞／que接続法が文法上の主語になります。

・会話で出てきたparecer bien（良く思える）はよく使う表現です。確認しましょう。

　　　—¿A usted le parece bien esta idea?

　　　あなたはこのアイデアは良いと思いますか？

　　　—Sí, me parece muy bien.　はい、とても良いと思います。

　　　—¿Os parece bien ir al cine esta tarde?

　　　君たち今日の午後映画に行くのはどう？

　　　—Sí, nos parece bien.　うん、いいね。

　　　¿Te parece bien que vayamos de pesca?　釣りに行くなんてのはどう？

・bienの代わりに、いろいろな名詞／形容詞／副詞などを置くことができます。形容詞の場合は主語の性・数に一致させます。

　　　Nos pareció mentira lo que dijiste.

　　　君が言ったことは私たちには嘘に思えた。

　　　Me parece perfecto el plan.　私にはその計画は完璧に思えます。

　　　La película me pareció aburrida.　映画は私には退屈に思えました。

　　　—¿Qué te parecen estos zapatos?　この靴どう思う？

　　　—Me parecen bonitos.　素敵だと思うよ。

　　　Me parece mal fingir que todo va bien.

　　　私にはすべてがうまくいっている振りをするのは間違っていると思えます。

・間接目的格代名詞を置かず、誰にとってかを示さない場合もあります。

　　　Parece extraño que ya llevemos 20 años de casados.

　　　私たちが結婚してもう20年になるなんて不思議な感じだね。

・parecerの後ろに名詞／形容詞／副詞を置かずに、〈間接目的格代名詞＋parecer〉だけで「(人)～に良いと思われる」「好都合である」を意味します。

　　　Iremos ahora si te parece.　君が良ければもう行きましょう。

　　　Comemos juntos si os parece.　君たちさえ良ければ一緒に食べましょう。

4. 〜すぎて…

A David le gustan tanto que ahora aprende japonés con mucho entusiasmo.
ダビッドは漫画が好きすぎて今ではすごく熱心に日本語を習っているよ。
〈tanto + que直説法〉

・tantoはmuchoの不規則な同等比較級です。comer mucho、llover muchoなどのように、副詞muchoで修飾できる動詞を強調する場合はこの構文を使うことができます。

　He comido mucho. Me duele el estómago.　私はたくさん食べた。胃が痛い。
　→ He comido tanto que me duele el estómago.
　私は食べすぎて、胃が痛いんです。

　Anoche bebimos tanto que hoy tenemos resaca.
　私たちは昨晩飲みすぎたので今日は二日酔いです。
　Carlos trabajaba tanto que no tenía tiempo de divertirse.
　カルロスは働きすぎていて、楽しむ暇がありませんでした。
　Ha llovido tanto que se ha inundado una parte de la ciudad.
　大雨が降ったので、町の一部が浸水してしまいました。
　Me gusta tanto esta canción que la escucho diariamente.
　私はこの歌がとても気に入って、毎日聴いています。

5. 〜することになる

Con el tiempo llegará a leer manga en japonés.
いずれは日本語で漫画を読めるようになるだろうね。
〈llegar a + 不定詞〉

・〈llegar a + 場所〉は「〜に到着する」を表現する時によく使います。
　Llegaremos a la estación de Tokio a las cuatro.
　私たちは4時に東京駅に着くでしょう。
・aの後ろに不定詞を置いた〈llegar a + 不定詞〉は、（これまでの行いや出来事の結果としての）「達成」「成就」など「努力の賜物」というニュアンスを表し、「〜することになる」「〜するに至る」を意味します。
　El Sr. Fernández ha llegado a recibir 100.000 "me gusta" en su blog.
　フェルナンデス氏はブログで10万の「いいね」を獲得するようになりました。
　Ella llegará a ser famosa.　彼女は有名になるでしょう。

・ネガティブな結末を表すこともできます。

¿Llegaremos a agotar nuestros recursos naturales?

私たちは天然資源を枯渇させてしまうことになるのでしょうか？

La guerra civil ha llegado a adquirir un carácter extremadamente violento.

市民戦争は極端に暴力的性質を持つに至りました。

文法解説

1. 目的格人称代名詞の重複

・例えば「Le aviso.（私は彼に知らせる。）」に、「a José（ホセに）」を付加して明確に「ホセ」という目的語を示しても、目的格代名詞「Le（彼に）」は省略しません。Le aviso a José.（私はホセに・彼に知らせる。）が自然な形で、これを重複表現といいます。

・本書では、前置詞a + 人を表す名詞／前置詞格人称代名詞を〈a + 人〉で表します。〈a + 人〉は間接目的格としても直接目的格としても置かれます。

１）重複の用法

①対比・強調を表す

A ti te parece bien, pero a mí me parece muy mal.

君にとってはいいかもしれないが、私にとっては非常にまずいと思われる。

②三人称の場合、誰であるかを特定する

A Juan no le importa la lluvia.　フアンは雨が降っても平気です。

２）重複の条件

・唯一重複しないのは、〈a + 人〉の「人」が名詞（前置詞格人称代名詞ではない）で、直接目的語として動詞の後ろに置かれる場合のみです。

　○　Espero a Carmen.　私はカルメンを待つ。

　×　La espero a Carmen.

・それ以外はすべて重複します。以下の例文で確認しましょう。

①〈a + 人〉が直接目的格の場合

〈a + 名詞〉：動詞の前　A Elena la busco.　私はエレナを探している。

〈a + 前置詞格人称代名詞〉：動詞の前　A ella la busco.　私は彼女を探している。

〈a + 前置詞格人称代名詞〉：動詞の後　La busco a ella.　私は彼女を探している。

② 〈a＋人〉が間接目的格の場合

〈a＋名詞〉：動詞の前　A Juana le escribo una carta.　私はフアナに手紙を書く。

〈a＋名詞〉：動詞の後　Le escribo a Juana una carta.　私はフアナに手紙を書く。

（Escribo a Juana una carta.　私はフアナに手紙を書く。）

＊Leを外した表現も認められていますが、ある方が自然です。

〈a＋前置詞格人称代名詞〉：動詞の前　A ella le escribo una carta.

私は彼女に手紙を書く。

〈a＋前置詞格人称代名詞〉：動詞の後　Le escribo a ella una carta.

私は彼女に手紙を書く。

2.　同等比較

・「〜と同じほど…である」という意味を表すために〈tan＋形容詞／副詞＋como〉という構文を使います。（⇒『初級』Lec.11）

　　Carlos es tan rico como Daniela.

　　カルロスはダニエラと同じくらいお金持ちです。

・同等比較級にnoをつけて否定形にすると「〜ほど…でない」という意味になります。

　　No soy tan rica como Carlos.　私はカルロスほどお金持ちではありません。

・では、比較対象の「カルロス」の代わりに「家を買える」を入れて、「私は家を買えるほどお金持ちではありません」はどのように表せるでしょうか。

・「〜するほど…ではない」は〈no tan＋形容詞／副詞＋como para＋不定詞／que接続法〉で表せます。

　　No soy tan rica como para poder comprar una casa inmensa.

　　私は大きな家を買えるほどお金持ちではありません。

　　No estábamos tan cansados como para no poder estar de pie.

　　私たちは立っていられないほど疲れてはいませんでした。

　　El río no corre tan rápido como para que no se pueda construir un puente.

　　川は橋を架けられないほど流れが速くありません。

　　El perro no corrió tan rápido como para que no pudiéramos alcanzarlo.

　　その犬は私たちが追いつけないほど速くは走りませんでした。

・会話では次の表現が使われています。

　　No estoy tan ocupada como para no poder ir al cine.

　　映画に行けないほど忙しいわけではないわ。

・形容詞／副詞がmuchoの場合は、tan + muchoではなく、muchoの不規則な
同等比較級tantoを使います。

No tengo tanto dinero como para poder comprar todo lo que quiera.
私は欲しい物を全部買えるほどのお金は持っていません。

Carlos no trabaja tanto como para no tener tiempo de dormir.
カルロスは眠る時間がないほど働いているわけではありません。

Nunca he bebido tanto como para perder el conocimiento.
私は意識を失ってしまうほどお酒を飲んだことはありません。

3. 願望文

・願望を表す時には、複文では、desear、querer、esperarなどの動詞を主節に
用い、従属節で願望の内容を表現する構造をとります。(⇒『初級』Lec.25)

Espero que todo salga bien.　私はすべてうまくいくことを期待しています。

Esperaba que todo saliera bien.

私はすべてうまくいくことを期待していました。

・ここでは単文で願望を表す構造を確認しましょう。

1) que/ojalá + 接続法現在／接続法現在完了／接続法過去／接続法過去完了
(⇒『初級』Lec.26)

・接続法現在：実現の可能性のある願望を表します。

¡Que te mejores pronto!　早く良くなりますように！

¡Ojalá no llueva mañana!　　明日雨が降りませんように！

・接続法現在完了：すでに完了した事柄で、その結末が分からないことについ
ての願望を表します。

¡Ojalá hayas aprobado el examen!　君が試験に合格していますように！

・接続法過去：現在・未来における実現の可能性のない願望を表します。

¡Ojalá estuvieras aquí conmigo!　君が私と一緒にここにいたらなあ！

¡Ojalá pudiera ayudarle!　あなたを助けてあげられればなあ！

・接続法過去完了：過去における実現の可能性のない願望を表します。

¡Ojalá hubiéramos llegado a tiempo!
私たちが時間通り到着していたらなあ！

2）si ＋接続法過去／接続法過去完了

・接続法過去で、現在の実現の可能性のないことについて「〜ならば（いいのに）」を表します。

　　Si supieras qué ocupado estoy.
　　私がどんなに忙しいか君に分かってもらえたらなあ。

・接続法過去完了で、過去の実現しなかったことに対して「〜していれば（良かったのに）」という気持ちを表します。

　　¡Si me lo hubieras dicho antes!
　　もっと前にそれを言ってくれていればなあ。

　　Si te hubiera conocido un poco antes.
　　もう少し早く君と知り合っていたなら。

　　Si hubiera terminado los deberes antes.
　　もっと早く宿題を終わらせておけば良かった。

会話では「もっと早く知っていたら！」を、この構文を使って「¡Si lo hubiera sabido antes!」というスペイン語で表現しています。

4. 価値判断の表現

・〈ser ＋形容詞＋ que接続法／que直説法／不定詞〉の構文で「〜することが（形容詞）である」を意味し、様々な形容詞をとることができます。（⇒『初級』Lec.24）

1）主節が、必要性、重要性、妥当性などの価値判断や主観的判断を表す場合、従属節の動詞は接続法にします。

　　Es mejor que llevemos paraguas.　私たちは傘を持っていく方が良いです。

　　Es extraño que nadie esté en casa.　家に誰もいないとは不思議です。

　　Es extraño que David nunca haya estado en Brasil.
　　ダビッドが一度もブラジルに行ったことがないとは不思議です。

・主節の動詞が過去形の場合、従属節の動詞は過去時制にします。

　　Era extraño que nadie estuviera en casa.
　　家に誰もいないとは不思議でした。

　　Era extraño que David nunca hubiera estado en Brasil.
　　ダビッドが一度もブラジルに行ったことがないとは不思議でした。

Era necesario que los gobiernos controlaran las diferentes fuentes emisoras de contaminantes.

政府は様々な汚染物質の発生源を規制する必要がありました。

・「～することが」の主語が明示されていなければ〈ser＋形容詞＋不定詞〉の構文を使うことができます。

Es necesario controlar las diferentes fuentes emisoras de contaminantes.

様々な汚染物質の発生源を規制することが必要です。

・「～にとって」を表したい場合はpara ～を使います。

Para mí es conveniente que tú vengas a casa.

君が家に来てくれたら、私にとって都合がいい。

Era muy importante para él causar una buena impresión porque necesitaba ese trabajo.

その仕事が必要だったので、良い印象を与えることは彼にとってとても重要でした。

・会話では、次の表現が使われています。

Para mí es un poco extraño que Doraemon, Nobita y todos los personajes hablen español tan perfectamente.

ドラえもんも、のび太も、登場人物がみんな完璧なスペイン語を話すので私にはちょっと変な感じがするんだ。

2）形容詞がseguro/cierto（確かな）、evidente/obvio（明らかな）などの場合、queで導かれる内容は話者が客観的事実だと見なしていることなので、従属節の動詞には直説法を使います。

Es cierto que nuestro país atraviesa por una grave crisis financiera.

我が国が深刻な財政危機に直面しているのは確かです。

Es indudable que las emisiones de dióxido de carbono tienen mucho que ver con el calentamiento de la Tierra.

二酸化炭素の排出が地球の温暖化と大いに関連があることは疑いの余地がありません。

・否定文の場合は「確かではない」＝「事実ではない」ので、話者の主観的判断を表す文となり、従属節の動詞には接続法を使います。

No es seguro que Carlos hable inglés.

カルロスが英語を話せるか確かではありません。

練習問題

1. 日本語と同様の意味になるように下の選択肢から適切なものを選び（　　　）に入れなさい。

[a / importa / importaba / importas / le / me / no / que]

1) 君は私にとってとても大切だ。

Tú (　　　　　　　) (　　　　　　　　　) mucho.

2) エレナがカルロスと結婚してもあなたは気にならないのですか？

¿ (　　　　　　　) usted no le importa (　　　　　　　) Elena se case con Carlos?

3) カルメンはミゲルにどのくらい収入があるか気にしていませんでした。

A Carmen no (　　　　　　　　) (　　　　　　　　　) cuánto ganaba Miguel.

4) ここに座っても構わない？

¿ (　　　　　　) te (　　　　　　　) que me siente aquí?

2. 日本語と同様の意味になるように（　　　）に適切な語を入れなさい。

1) 彼らが生きているなんて私には信じられない思いです。

(　　　　　　) parece (　　　　　　) que ellos (　　　　　　) vivos.

2) 君たちこのレストランで食事するのは良いと思う？

¿Os parece (　　　　　　　) (　　　　　　) en este restaurante?

3) 君には映画はどう思えた？

¿(　　　　　　) te (　　　　　　) la película?

4) 彼が私に嘘をついたなんて、嘘のようです。

Parece (　　　　　　) que él me (　　　　　　) mentido.

5) 国会で法案が承認されるのは難しいと思われます。

Parece (　　　　　　) que se (　　　　　　) el proyecto de ley en el congreso.

3. 日本語と同様の意味になるようにスペイン語を並べ替えなさい。

1) 私は昨晩飲みすぎて、頭が痛いです。

que / la / bebí / cabeza / duele / anoche / me / tanto

_____ .

2) 大雪が降ったので道路が封鎖されています。

cerrada / la / nevado / que / está / ha / carretera / tanto

_____ .

3) その女の子があまりにたくさん泣いていたので、妖精が理由を尋ねました。

el / lloraba / porqué / niña / que / la / preguntó / hada / le / tanto / un

_____ .

4) 政局があまりに混乱してしまったので、もう調整できる人がいません。

se ha complicado / ya / pueda arreglarla / la situación política / que / no hay / quien / tanto

_____ .

4. 〈a + 人〉に注意して、正しい文には○、誤った文には×をつけ、正しい文にしなさい。

1) (　　) A carmen la esperé en la biblioteca.

2) (　　) La espero a Luisa.

3) (　　) Espero a ella.

4) (　　) Le enseño japonés a Miguel.

5) (　　) Él a ti te escribió una carta, pero a mí no.

6) (　　) Escribí a ella una carta.

5. 日本語と同様の意味になるように下の選択肢から適切なものを選び（　　）に入れなさい。

[calor / como / hacía / he / no / para / que / resaca / tan / tanta / tanto / tantos / tenía / tomado]

1) 私は1日中ベッドにいなければならないほど調子が悪くはありません。

（　　　　　　　） estoy （　　　　　　　） enfermo （　　　　　　　） para quedarme en cama todo el día.

2) 私は二日酔いになるほど飲んだことはありません。

No （　　　　　） （　　　　　） （　　　　　　　） como para tener （　　　　　　　）.

3) カルロスは彼女を何年も待つほどの忍耐力はありませんでした。

Carlos no （　　　　　　） （　　　　　　） paciencia como （　　　　　　） esperarla varios años.

4) 王様を敵の攻撃から守れるほどたくさんの兵士は王様にはいませんでした。

El rey no tenía （　　　　　　） soldados como para （　　　　　　） le protegieran del ataque de los enemigos.

5) 息苦しいほどの暑さではありませんでした。

No （　　　　　　） tanto （　　　　　　） como para que resultara sofocante.

6. （　　）の動詞を適切な形に活用させなさい。（活用の必要がない場合もある。）また、日本語に訳しなさい。

1) Es necesario que todos (observar) ＿＿＿＿＿＿ estas reglas.

2) Es indiscutible que todos (deber) ＿＿＿＿＿＿ observar estas reglas.

3) Es importante que usted (decir) ＿＿＿＿＿＿ a su hijo qué es lo correcto.

4) No era necesario que te (dar) ＿＿＿＿＿＿ prisa.

5) Es mejor (tomar) ＿＿＿＿＿＿ el metro que coger un taxi en las horas punta.

6) No es seguro que Juana (venir) ＿＿＿＿＿＿ a la fiesta.

7.　スペイン語に訳しなさい。

1)　自己紹介したいのですが。

_____

2)　君たちは大人になったら何になりたいのかな？

_____

3)　私たちはフェルナンデスさん（el Sr. Fernández）と話したいのですが。

_____

4)　ついに私たちは地球温暖化の影響を実感するに至りました。

_____

5)　もっと前にパウラと知り合っていたら良かった！

_____

6)　（君は私にそれを）昨日言ってくれていればなあ！

_____

7)　私たちが直面している問題は少なくありません。

_____

8)　自分のアキレス腱が分かっている人は少なくありません。

_____

Lección 2

表現

1. 数〜
   Hay cientos de miles de Suzuki solo en Tokio.
   鈴木は東京だけでも数十万人もいるんですよ。

2. 〜は…回目だ
   ¿Es la primera vez que viene a México?
   メキシコに来たのは初めてですか？

3. 〜が楽しみだ
   Me hace mucha ilusión poder hacer muchas cosas durante mi permanencia en México.
   メキシコにいる間にいろんなことができるのがとても楽しみです。

4. 〜できる
   Sé decir algunas palabras.　単語はいくつか言えますよ。

5. AだけでなくBもまた
   Tuve amistades no solo con alumnos mexicanos, sino también con japoneses y mexicanos de origen japonés, nikkei.
   私はメキシコ人だけでなく日本人や日本にルーツをもつ日系メキシコ人の生徒と友達になったの。

6. 〜する時はいつでも
   Siempre que teníamos tiempo libre jugábamos entre todos.
   自由時間があるといつもみんなで遊んでいたのよ。

文法解説

1. 形容詞の位置
   Mi japonés es muy pobre, casi nada.
   私の日本語はとても貧弱でほぼゼロのようなものです。

2. 時間の経過を表す表現
   Hace más de 120 años que llegaron a México los primeros inmigrantes japoneses.
   日本からの最初の移民がメキシコに来て120年以上になる。

Conversación   Primer día en la oficina   🔊》-02

Kenta: ¡Hola! Soy Kenta Suzuki, mucho gusto.

Carmen: ¡Hola! Me llamo Carmen Delgado, encantada. ¿Usted se llama Suzuki? ¿Suzuki, como la motocicleta?

Kenta: Sí, Suzuki es el nombre de un fabricante de motos. Pero también es uno de los apellidos más comunes de Japón, y hay cientos de miles de Suzuki solo en Tokio.

Carmen: Ya veo. ¿Es la primera vez que viene a México?

Kenta: Sí, así es. Me hace mucha ilusión poder hacer muchas cosas durante mi permanencia en México.

Carmen: Habla muy bien español. ¿Dónde lo aprendió?

Kenta: Lo aprendí en la universidad en Tokio, y volví a estudiarlo en una escuela de idiomas extranjeros antes de venir.

Carmen: Yo he estudiado un poco de japonés. En comparación con su español, mi japonés es muy pobre, casi nada, pero sé decir algunas palabras, por ejemplo, *arigato, sayonara, konnichiwa...*, no recuerdo más.

Kenta: Está bien. Usted las pronuncia muy bien.

Carmen: Gracias. Si no te molesta, ¿podemos tutearnos?

Kenta: Por supuesto que sí, y llámame Ken.

Carmen: Muy bien, Ken.

Kenta: ¿Con quién aprendiste japonés?

Carmen: Mira, yo estudié en el Liceo Mexicano Japonés, y allí aprendí un poco de japonés.

Kenta: ¿El Liceo no es exclusivamente para japoneses?

Carmen: No. El Liceo tiene una sección para mexicanos y otra para japoneses. Allí tuve amistades no solo con alumnos mexicanos, sino también con japoneses y mexicanos de origen japonés, nikkei. Siempre que teníamos tiempo libre jugábamos entre todos.

Kenta: Me alegro de escucharlo. Hay muchos mexicanos de origen japonés, ¿verdad?

Carmen: Sí, he oído que hace más de 120 años que llegaron a México
los primeros inmigrantes japoneses. Muchos de los nikkeis son ya de
la segunda, tercera o cuarta generación. Son muy respetados en
la sociedad mexicana por su disciplina, laboriosidad, puntualidad,
limpieza...

Kenta: Voy a intentar seguir su ejemplo.

会話　初出社

ケンタ：こんにちは。私は鈴木健太です。はじめまして。

カルメン：こんにちは。私はカルメン・デルガドです。はじめまして。スズキっていう名前なんですか？　バイクのスズキ？

ケンタ：ええ、スズキはバイクのメーカーの名前です。でも日本では最も一般的な名字の一つで、鈴木は東京だけでも数十万人もいるんですよ。

カルメン：そうなんですね。メキシコに来たのは初めてですか？

ケンタ：はい、そうです。メキシコにいる間にいろんなことができるのがとても楽しみです。

カルメン：スペイン語がとても上手ですね。どこでスペイン語を習ったんですか？

ケンタ：東京の大学で習って、こちらに来る前に外国語学校でもう一度勉強し直しました。

カルメン：私も日本語を少し勉強したことがあるんです。あなたのスペイン語に比べて、私の日本語はとても貧弱でほぼゼロのようなものですが、単語はいくつか言えますよ。例えば、ありがとう、さよなら、こんにちは……、これ以上は思い出せません。

ケンタ：いいですね。とても発音が上手です。

カルメン：ありがとう。もし良ければ、túで話してもいい？

ケンタ：もちろん。僕のことはケンと呼んで。

カルメン：分かったわ、ケン。

ケンタ：日本語は誰に習ったの？

カルメン：あのね、私は日墨学院に通ったんだけど、そこで少し日本語を習ったの。

ケンタ：日墨学院は日本人だけが対象ではないの？

カルメン：いいえ。日墨学院にはメキシコ人コースと日本人コースがあるの。それで私はメキシコ人だけでなく日本人や日本にルーツをもつ日系メキシコ人の生徒と友達になったの。自由時間があるといつもみんなで遊んでいたのよ。

ケンタ：それを聞いてうれしいよ。日系のメキシコ人はたくさんいるんでしょう？

カルメン：うん、日本からの最初の移民がメキシコに来て120年以上になると聞いたことがあるわ。日系人の多くはもう2世、3世、4世よ。日系の人々は、規律正しく、勤勉で、時間厳守で、清潔で……メキシコ社会ではとても尊敬されているのよ。

ケンタ：僕も彼らを見習おう。

語彙リスト

会話

permanencia	滞在
volver + a + 不定詞	～し直す（再び～する）

Quiero volver a verte.
また君に会いたい。
No lo vuelva a hacer.
そんなことを二度としないでください。
¿No podemos volver a empezar?
私たちやり直せないかな？

en comparación con ～	～と比較して
pronunciar	発音する
liceo	中学、高校
exclusivamente	専ら
origen	起源
inmigrante	移民
generación	世代
disciplina	規律
laboriosidad	勤勉さ
puntualidad	時間厳守
limpieza	清潔さ
intentar	試みる、企てる
seguir el ejemplo de ～	～を見習う

Deberías seguir el ejemplo de tu hermano mayor.
君はお兄さんを見習うべきだろう。

表現

decena	10のまとまり
centenar	100のまとまり
millar	1,000のまとまり
suficiente	十分な
alimento	食糧
quebrar	倒産する
deuda	負債
consultar	参照する
sitio	サイト
registrar	記録する
temperatura	気温
centígrado	摂氏の
votar	投票する
lluvia torrencial	豪雨
inundación	洪水
acomodarse	順応する
circunstancia	環境
carné	免許証、証明書
arrecife	岩礁
coral	サンゴ
despedir	解雇する
acusar	告発する
robo	盗み
adoptar	採択する
aplicar	適用する

venir bien	都合が良い	humanidad	人類
		similar	同様の
文法解説		montar a caballo	乗馬する
fila	列	selección japonesa	日本代表
verdaderamente	真に		
catástrofe	大災害	eliminatoria	（スポーツの）予選
		educado	礼儀正しい
		salar	塩湖
練習		razonable	妥当な、理にかなった
seminario	セミナー		
en línea	オンラインで	calidad	品質
manifestación	デモ	ajedrez japonés	将棋
fundación	財団	cometer	（過ちや誤りなどを）犯す
acceso	アクセス		
agua potable	飲料水	error	誤り、過失

表現

1.　数～

Hay cientos de miles de Suzuki solo en Tokio.

鈴木は東京だけでも数十万人もいるんですよ。

・「数十」「数百」「数千」等の不定の数量は decena（10）、ciento/centenar（100）、mil/millar（1,000）などを複数形にして表します。

　　una decena de libros　10冊くらいの本

　　decenas de libros　数十冊の本

　　miles de empleados　数千人の社員

　　cientos de millones de personas　数億の人々

　　miles de millones de yenes　数十億円

　　Cientos de millones de personas en el mundo no pueden comer suficientes alimentos en estos momentos.

　　現在世界では数億の人々が十分な食料を食べることができていません。

　　El banco quebró con una deuda de miles de millones de yenes.

　　その銀行は数十億円の負債を抱えて倒産しました。

・「数～」のほか、単に「多数の」「無数の」という意味もあります。

　　Lo dijimos miles de veces.　私たちはそれを何度も何度も言いました。

　　Millones de personas consultan este sitio.

　　大勢の人がこのサイトを参照します。

2.　～は…回目だ

¿Es la primera vez que viene a México?

メキシコに来たのは初めてですか？

〈ser + la +序数+ vez + que直説法〉

　　Es la segunda vez que voy a España.　スペインに行くのは2回目です。

　　Es la primera vez que se ha registrado una temperatura de 40 grados centígrados en Tokio.

　　東京で40度の気温が記録されたのは初めてのことです。

　　Fue la primera vez que Mario votó.　マリオが投票したのは初めてでした。

　　¿Cuándo fue la primera vez que votaron las mujeres mexicanas?

　　メキシコの女性が初めて投票したのはいつでしたか？

・〈por＋序数＋vez〉を使って表すこともできます。

　　Voy a España por primera vez.　　私は初めてスペインに行きます。

　　Las lluvias torrenciales han causado inundaciones por segunda vez en este mes.

　　豪雨は今月2度目の洪水を引き起こしました。

　　Fue en Madrid cuando la vi por tercera vez.

　　私が3度目に彼女に会ったのはマドリードでした。

　　Fue en 1970 cuando fui a Bilbao por última vez.

　　私が最後にビルバオに行ったのは1970年のことでした。

・〈所有形容詞＋序数＋名詞〉で表現することもできます。

　　Esta es mi primera visita a España.　　これは私の初めてのスペイン訪問です。

3.　～が楽しみだ

Me hace mucha ilusión poder hacer muchas cosas durante mi permanencia en
México.

メキシコにいる間にいろんなことができるのがとても楽しみです。

〈(a＋人) 間接目的格代名詞＋hacer ilusión＋名詞／不定詞／que接続法〉

・ilusiónは「夢」「希望」「幻想」などを意味し、hacer ilusiónで「夢を与える」
　「喜ばせる」などを表現できます。何かにわくわくさせられる「楽しみ」を
　表します。

　　Me hacen mucha ilusión las Navidades.

　　私はクリスマスがとても楽しみです。

　　A Juana le hace ilusión volver a ver a su amigo de México.

　　フアナはメキシコの友人にまた会えるのを楽しみにしています。

　　Me hacía mucha ilusión ir al preescolar por primera vez.

　　私は初めて幼稚園に行くのをとても楽しみにしていました。

　　Me hace mucha ilusión que nuestra obra gane el premio.

　　私たちの作品が受賞するのがとても楽しみです。

　　¿Una fiesta? ¡Me hace mucha ilusión!　　パーティー？　すごく楽しみ！

　　Esa casa es grande, pero no nos hace ilusión.

　　その家は大きいけれど、私たちは住みたいとは思いません。

・類似の表現に＜ tener ganas de ＋不定詞／que 接続法＞があります。gana は「意欲」「願望」などを意味し、複数形で用います。不定詞を用いると「〜したい（意欲・気持ちを持つ）」という意味を表します。

Tengo ganas de verte.　私は君に会うのが楽しみだ（君に会いたい）。

No tengo ganas de comer.　私は食べたくありません。

Mis alumnos tienen ganas de aprender inglés.

私の生徒たちは英語を学ぶ意欲があります。

Tenía muchas ganas de vivir en México.

私はメキシコで暮らすのをとても楽しみにしていました。

En aquel entonces Joaquín tenía ganas de casarse, pero ahora no.

あの時ホアキンは結婚する気がありましたが、今はありません。

・que 接続法を用いると、「〜してほしい」を表します。

Ella tiene ganas de que le pregunte.　彼女は質問をしてもらいたがっています。

Tenía ganas de que llegara pronto el fin de semana, y por fin está aquí.

私は早く週末になってほしかったが、ついに週末になった。

4.　〜できる

Sé decir algunas palabras.　単語はいくつか言えますよ。

〈saber ＋不定詞〉

・〈saber ＋不定詞〉は、学習や訓練などによって技能を獲得して「〜できる」という意味を表します。

Juan sabe nadar.　フアンは泳げます。（泳ぎ方を知っている）

¿Sabes tocar la guitarra?　君はギターを弾けますか？

Carmen sabe acomodarse a las circunstancias.

カルメンは環境に順応するすべを心得ている。

・〈poder ＋不定詞〉も「〜できる」という意味ですが、何らかの状況下で「〜できる」場合に使います。

Juan puede nadar.

フアンは泳げます。（体調が回復したなどの理由で、泳げる状態である）

Juan sabe nadar, pero hoy no puede porque está resfriado.

フアンは泳げますが、今日は風邪をひいているので泳げません。

Sé conducir, pero ahora no puedo porque no traigo el carné.

私は運転自体はできますが、今は免許証を持っていないので運転できません。

・「スペイン語を話せますか？」をスペイン語で言う場合、文法的にはどちらを使うこともできます。「獲得した技能がある」としても「状況として技能を活用できる」としても見ることができるからです。

ただし、スペイン語を話せるかどうかを問う場合には、saber も poder も使わず、以下の表現がよく使われます。

¿Habla usted español?

5.　AだけでなくBもまた

Tuve amistades no solo con alumnos mexicanos, sino también con japoneses y mexicanos de origen japonés, nikkei.

私はメキシコ人だけでなく日本人や日本にルーツをもつ日系メキシコ人の生徒と友達になったの。

〈no + solo/solamente + A + sino también + B〉

＊solo は形容詞でも副詞でもありますが、基本的には、いずれの場合もアクセント記号をつけないことが推奨されています。この構文の solo は副詞です。副詞の solo は曖昧さを回避する必要がある場合のみアクセント記号をつけることが可能であるとされていますが、推奨はされていません。形容詞の solo にアクセント記号をつけることはありません。

Esta casa no es solo grande, sino también hermosa.
この家は大きいだけでなく美しいです。
El cambio climático afecta no solamente a los humanos, sino también a los animales.
気候変動は人間だけでなく動物にも影響を及ぼします。
La isla es famosa no solo por sus hermosas playas, sino también por el arrecife de coral.
その島は美しい海岸だけでなくサンゴ礁でも有名です。

・この構文において「sino también」は常にBの前に置きますが、「no」と「solo/solamente」を置く場所は比較的自由です。

例えば「カルメンはバッグだけでなく靴も買いました。」を表す文章で、以下の三つの語順とも正しいと考えられます。いずれの場合も基本的には「バッグと靴を買った」という事実を表現しており、意味の違いは大きくありませんが、以下の通り強調のニュアンスが少し異なります。

「Carmen compró un bolso y unos zapatos.（カルメンはバッグと靴を買った。）」
という表現に比べて、「バッグも靴も両方とも（＝たくさん）」買ったというニュ
アンスが加わります。最も中立的な表現で、使用頻度が高い語順です。

Carmen compró no solo <u>un bolso</u>, sino también <u>unos zapatos</u>.

(A)　　　　　　　　　　　(B)

「Aに加え更にBも」買ったというニュアンスが加わります。
例えば、「カルメンはバッグだけを買うと思われていたのに」、「バッグに加
え更に靴も買った」というような状況が想起されます。

Carmen no compró solo <u>un bolso</u>, sino también <u>unos zapatos</u>.

(A)　　　　　　　　　　　(B)

「バッグだけを買った」を否定し、「バッグだけを買ったのではない」という
意味が強調されます。例えば、カルメンがバッグだけを買ったと思っている
人に対して、「バッグだけを買ったのではない、靴も買った」ことを表明す
る等の状況が想起されます。

・Bの部分に節がくる時は〈no solo/solamente ～ sino que también ＋直説法／
接続法〉の構文にします。

　　No solo lo despidieron, sino que también fue acusado de robo.
　　彼は解雇されただけではなく、盗みで告発までされました。
　　Es importante que las leyes no solamente se adopten, sino que también se
　　apliquen.
　　法律は採択されるだけでなく、適用されることが重要です。

6.　〜する時はいつでも

Siempre que teníamos tiempo libre jugábamos entre todos.
自由時間があるといつもみんなで遊んでいたのよ。
〈siempre + que 直説法／que 接続法〉

・〈siempre + que 直説法〉は、習慣的事実など「〜する時はいつも」を表します。
　　Juana me ayuda siempre que tengo problemas.
　　フアナは私が困っている時はいつも助けてくれる。
　　Mis abuelos me ofrecían dulces siempre que los visitaba.
　　私が祖父母を訪ねるといつもお菓子を出してくれました。
　　Te ayudaba siempre que me necesitabas.
　　君が私を必要とする時、私はいつも助けていた。

・〈siempre + que 接続法〉は、「〜するならばいつでも」という条件の意味に
　近くなります。
　　Te ayudaré siempre que me necesites.
　　君が私を必要とするならばいつでも君を助けるよ。
　　Aprobarás el examen siempre que estudies.
　　君が勉強するならば試験に合格するでしょう。
　　Ven a verme siempre que te venga bien.
　　都合の良い時にいつでも会いに来なさい。

文法解説

1.　形容詞の位置

・形容詞は修飾する名詞の後ろに置く場合と前に置く場合があります。ここで
　は名詞に係る形容詞の位置について確認しましょう。

1）限定形容詞
・限定形容詞とは、este、esa などの指示形容詞や mi、nuestro などの所有形容
　詞を指し、名詞の前に置かれます。ただし、所有形容詞後置形（tuyo、suyo
　等）は名詞の後ろに置かれます。
　　esta casa　この家　　　　　　　　mi japonés　私の日本語
　　una amiga mía　私の友人

2）数や順序に関する形容詞

・名詞の前に置きます。

  cuatro libros　4冊の本　 mucha gente　多くの人々

  mil cosas　たくさんのこと la quinta fila　5番目の列

3）品質形容詞

・品質形容詞とは名詞が表す人や物の性質や特徴（色、形、大きさなど）や出自・種類等を示す形容詞です。

①ほかと区別して限定したりする時は、名詞の後ろに置かれるのが普通です。

  unas vistas preciosas　美しい眺め la corbata azul　青いネクタイ

  el profesor severo　厳しい先生 los coches japoneses　日本車

②名詞の表す人や物を限定するのでなく、その名詞の一般的な特徴や性質を表す場合は名詞の前に置かれます。

  la blanca nieve　白い雪 una larga distancia　長距離

③名詞の前に置かれるか後ろに置かれるかによって意味が異なる形容詞があります。後置されるとその品質形容詞の本来的・具体的な意味が表され、前置されると比喩的・抽象的な意味を表します。

  un amigo viejo　年老いた友人 un viejo amigo　古くからの友人

  una noticia cierta　確かな知らせ cierta noticia　ある知らせ

  un hombre grande　大きな男 un gran hombre　偉大な人

  una casa nueva　新築の家 una nueva casa　今度の（転居先の）家

  productos varios　多様な製品 varios productos　いくつもの製品

  una mujer pobre　貧しい女 una pobre mujer　かわいそうな女

④形容詞に何らかの副詞がつく時は名詞の後ろに置かれます。

  una casa muy hermosa　とても美しい家

  un documento verdaderamente importante　真に重要な文書

4）品質形容詞 bueno と malo

・男性単数名詞の前では語尾が脱落して buen、mal になります。

・慣用として前置される場合が圧倒的に多いです。

 ①挨拶：Buenos días　おはよう Buenas tardes　こんにちは

 ②「多い量」を表す：una buena cantidad de dinero　多額のお金

 ③「良い」「悪い」：buena habitación　良い部屋 buen resultado　良い結果

        mala gente　悪い人々   mal ejemplo　悪い例

・副詞とともに用いられる場合は、後置されることが多いです。

    un hombre muy bueno　とても善良な人々

・前置と後置で意味が変わることがあります。

    ①前置されると職業的な「優秀さ」「無能さ」を表します。

    buen profesor　良い（有能な）先生　mal professor　悪い（無能な）先生

    ②後置されると人柄・性格の「良さ」「悪さ」を表します。

    profesor bueno　（人柄が）良い先生　profesor malo　（人柄が）悪い先生

2.　時間の経過を表す表現

１）hacer＋経過期間＋que直説法

①queで導かれる内容が起点となる事実を示す場合

    Hace dos años que viajamos por Europa.

    私たちがヨーロッパを旅行してから２年になります。

    Hace 10 años que nació mi hijo.　息子が生まれて10年になります。

    Hace cinco meses que vine a Tokio.　東京に来て５か月になります。

・会話では「日本からの最初の移民がメキシコに来て120年以上になる。」で
　この構文を用い、「Hace más de 120 años que llegaron a México los primeros
　inmigrantes japoneses.」としています。

・未来や過去の時制でも同様の表現ができます。

    Mañana hará un año que llegamos a Tokio.

    私たちが東京に来て明日で１年になります。

    El día 17 hizo un mes que ocurrió la catástrofe.

    17日で大災害が起きて１か月になりました。

・queを使わず、〈hace＋経過期間〉（～前に）という表現で同じ内容を表すこ
　とができます。

    Hace tres años que se casaron.　彼らが結婚して３年になります。

    ＝ Se casaron hace tres años.　彼らは３年前に結婚しました。

    Hace dos años que fuimos a España.　スペインに行って２年になります。

    ＝ Fuimos a España hace dos años.　私たちは２年前にスペインに行きました。

②queで導かれる直説法が継続している事実を示す場合

    Hace seis meses que vivo en Madrid.　私はマドリードに住んで６か月になります。

・queを使わずに、〈desde hace＋経過期間〉（～前から）という表現で同じ内
　容を表すことができます。

Hace dos años que estudio español.

私はスペイン語を勉強して2年になります。

= Estudio español desde hace dos años.

私は2年前からスペイン語を勉強しています。

Hace más de un mes que vivo en esta ciudad.

私はこの街に住んで1か月以上になります。

= Vivo en esta ciudad desde hace más de un mes.

私は1か月以上前からこの街に住んでいます。

2）llevar＋経過期間＋現在分詞

・継続している事実を表す時によく使われます。

Llevo dos años estudiando español.

私はスペイン語を勉強して2年になります。

María lleva tres meses trabajando aquí.

マリアはここで働いて3か月になります。

・「住んで（期間）になる」という場合は、viviendoは不要です。

Llevo más de un mes en esta ciudad.

私はこの街に住んで1か月以上になります。

練習問題

1. 日本語の意味になるように、不足している形容詞をスペイン語の文の適切な位置に入れなさい。

1) 鈴木は日本では最も一般的な名字の一つです。
   Suzuki es uno de los apellidos más de Japón.

2) メキシコに来たのは初めてですか？
   ¿Es la vez que viene a México?

3) 私は外国語学校でスペイン語を勉強し直しました。
   Volví a estudiar español en una escuela de idiomas.

4) 私の日本語はとても貧弱です。
   Japonés es muy pobre.

5) 単語はいくつか言えます。
   Sé decir palabras.

6) 私たちは自由時間があるといつもみんなで遊んでいました。
   Siempre que teníamos tiempo jugábamos entre todos.

7) 日本にルーツを持つメキシコ人はたくさんいます。
   Hay muchos mexicanos de origen.

8) 日本からの最初の移民は120年以上前にメキシコに到着しました。
   Los inmigrantes japoneses llegaron a México hace más de 120 años.

9) 日系人の多くは2世、3世、4世です。
   Muchos de los nikkeis son de la segunda, o cuarta generación.

10) 彼らはメキシコ社会でとても尊敬されています。
   Son muy respetados en la sociedad.

2. 日本語と同様の意味になるように下の選択肢から適切なものを選び（　　）
   に入れなさい。複数回使う選択肢や一度も使わない選択肢もある。

[cien / cientos / decena / decenas / empleados / libros / mil / miles / millones /
   personas]

1) 数千人の社員がオンラインセミナーに参加しました。
   (　　　　　　　) de (　　　　　　　　　) participaron en el seminario en línea.

2) 数百人の人々が戦争反対のデモに参加しました。
   (　　　　　　　) de (　　　　　　　　　) participaron en la manifestación contra
   la guerra.

3) 財団は地球温暖化に関する本を数十冊以上出版しました。
   La fundación ha publicado (　　　　　　) de (　　　　　　　) sobre el
   calentamiento global.

4) 現在世界で数十億の人々が飲料水を手に入れられません。
   (　　　　　　　) de (　　　　　　　) de personas en el mundo no tienen
   acceso a agua potable.

3. スペイン語の音声を聴いて下線部に書き取りなさい。また、日本語に訳し
   なさい。　🔊 - 03

1) _____ voy a esquiar.

2) _____ la humanidad se enfrenta a una situación similar.

3) Esta es _____.

4) _____ monté a caballo.

5) Fue en Barcelona _____.

4. 日本語と同様の意味になるように下の選択肢から適切なものを選び（　　）に入れなさい。複数回使う選択肢や一度も使わない選択肢もある。

[　de / hagáis / hagan / gana / ganas / hace / hacemos / ilusión / ilusiones / me / mucha / os / tienes / ver　]

1) 私はアルモドバルの新しい映画を見るのが楽しみです。
   Tengo (　　　　　　) (　　　　　　　) (　　　　　　　　　) la nueva película de Almodóvar.

2) 私たちは日本代表が予選を突破すると期待しています。
   Nos (　　　　　　) mucha (　　　　　　　) que la selección japonesa pase las eliminatorias.

3) （君は）今日勉強したくないの？
   ¿No (　　　　　　) (　　　　　　　) de estudiar hoy?

4) 私は夏休みにスペインを旅行するのがとても楽しみです。
   (　　　　　　) hace (　　　　　　) (　　　　　　　) viajar por España en las vacaciones de verano.

5. 日本語に訳しなさい。

1) Ellos no solo son simpáticos, sino también bien educados.

   _____

2) El salar de Uyuni es famoso no solamente por su maravilloso paisaje, sino también por sus ricos recursos naturales.

   _____

3) Mi padre no solo dejó de fumar, sino también de beber.

   _____

4) Este modelo se vende bien no solamente por su precio razonable, sino también por su excelente calidad.

   _____

6. 日本語と同様の意味になるように（　　）の動詞を適切な形に活用させなさい。

1) 父は友人が来るといつも将棋をしようと誘う。
   Siempre que (venir) _____ algún amigo, mi padre lo
   (invitar) _____ a jugar al ajedrez japonés.

2) 困った時はいつでも私に電話をかけてください。
   Usted (poder) _____ llamarme por teléfono siempre que
   (tener) _____ algún problema.

3) 私は暇な時間がある時はいつも映画に行きます。
   Siempre que (tener) _____ tiempo libre, (ir) _____ al cine.

4) 彼女に会うといつも彼女の母親を思い出します。
   Siempre que la (ver) _____ me (acordar) _____ de su madre.

7. 日本語と同様の意味になるように下の選択肢から適切なものを選び（　　）に入れなさい。一度も使わない選択肢もある。また、日本語に訳しなさい。

[　a / cuando / de / desde / estudiando / estudiar / hace / llevamos / que / se　]

1) Hace dos siglos (   ) se fundó la universidad.

2) (   ) construyó el puente (   ) más de 300 años.

3) (   ) tres años (   ) en esta universidad.

4) (   ) hace cinco meses vivo en este piso.

8. スペイン語に訳しなさい。

1) （君）同じ過ちを繰り返すな。

_____

2) （あなた）そんなことを二度としないでください。

_____

3) ―君はピアノを弾けますか？
   ―はい、子どもの頃に習ったので弾けます。

4) ―（君）今晩私とパーティーに行ける？
   ―いや行けない、明日試験があるんだ。

_____

5) 君はお父さんを見習うべきだよ。

_____

表現

1. 〜（する番）が当たる
   Los fines de semana me toca preparar la comida.
   週末は私が昼食を作る番なんだよ。

2. 〜したら
   Una vez caliente, agregaremos los mariscos.
   熱くなったら魚介類を入れる。

3. （結果として）〜になる
   Me está saliendo bien.　うまくいっています。

4. 〜するまで
   Sofríe las verduras hasta que queden blanditas.
   野菜が少し柔らかくなるまで炒めて。

5. 〜しさえすれば良い
   No hay más que mantenerlo a fuego lento durante unos 20 minutos.
   20分ぐらい弱火にかけておくだけでいいんだよ。

6. 〜で死にそうだ
   Ya me estoy muriendo de hambre.　もうお腹が空いて死にそうだよ。

7. 〜する／した以上に
   Te ha salido mucho más sabrosa de lo que yo esperaba.
   期待していたよりずっとおいしくできたね。

文法解説

1. 命令文における目的格人称代名詞と再帰代名詞
   Ponte este delantal para no ensuciarte.
   汚れないようにこのエプロンをつけなさい。

2. 使役・放任
   ¿Me dejas hacerlo?　私にやらせてくれますか？

Conversación   Cómo hacer una paella   ◀))-**04**

Mei: ¡Hola! ¿Qué estás haciendo?

Padre de Juan: Estoy preparando una paella para la comida. Los fines de semana me toca preparar la comida.

Mei: ¡Uy! ¡Paella! ¿Me puedes enseñar cómo hacer una paella?

Padre: ¡Claro! Si quieres, podemos hacerla juntos y así aprenderás.

Mei: ¡Gracias! Es que quiero preparar una paella para mi familia cuando esté de vuelta en Japón.

Padre: Muy bien. Ven aquí y empezamos ahora. Ponte este delantal para no ensuciarte.

Mei: Gracias.

Padre: ¿Estás lista? Mira, para empezar ponemos la paellera a fuego medio con aceite de oliva suficiente para que el fondo quede cubierto, y una vez caliente, agregaremos los mariscos.

Mei: ¿Me dejas hacerlo?

Padre: Sí, claro. Cuando estén dorados, retíralos y resérvalos aparte.

Mei: ¿Así está bien? Me está saliendo bien, ¿verdad?

Padre: Sí, bien. Ahora sofríe las verduras hasta que queden blanditas. Bien, ahora es el momento de poner el arroz.

Mei: Lo remuevo, ¿verdad?

Padre: Sí claro. La idea es que quede bien impregnado de la salsa para que tenga más sabor. Ahora añadiremos el caldo, la sal y el azafrán.

Mei: ¿Así?

Padre: Sí, muy bien. Ahora agrega el resto de los ingredientes que habíamos retirado. Entonces, lo ponemos a fuego fuerte hasta que empiece a hervir.

Mei: Ya está hirviendo.

Padre: Ahora no hay más que mantenerlo a fuego lento durante unos 20 minutos.

⟨20 minutos después⟩

Mei: Ya han pasado 20 minutos.

Padre: Bien, ya está.

Mei: Mira Juan, la he hecho yo.

Juan: A ver cómo está. Ya me estoy muriendo de hambre.

Todos: ¡Comamos!

Juan: Está muy sabrosa. Te ha salido mucho más sabrosa de lo que yo esperaba.

会話　パエリヤの作り方

　　メイ：こんにちは。何をしているんですか？

フアンの父：昼食にパエリヤを作っているところなんだ。週末は私が昼食を作る番なん
　　　　　　だよ。

　　メイ：えっ！　パエリヤ！　パエリヤの作り方を教えてくれませんか？

　　　父：もちろんだよ！　よかったら一緒に作ることもできるよ。そうすれば君も覚え
　　　　　られるし。

　　メイ：ありがとうございます！　日本に帰ったら家族にパエリヤを作ってあげたいん
　　　　　です。

　　　父：いいね。ここにおいで、始めよう。汚れないようにこのエプロンをつけなさい。

　　メイ：ありがとう。

　　　父：準備できた？　まずはじめに、鍋底が隠れるくらいオリーブオイルを入れたパ
　　　　　エリヤ用平鍋を中火にかけて、熱くなったら魚介類を入れる。

　　メイ：私にやらせてくれますか？

　　　父：もちろん。きつね色になったら、取り出して別にしておいて。

　　メイ：これでいい？　うまくいっていますよね？

　　　父：うん、いいね。今度は野菜が少し柔らかくなるまで炒めて。よし、米を入れる
　　　　　のは今だよ。

　　メイ：かき混ぜるんですよね？

　　　父：もちろん。そうすることで汁を浸み込ませて風味をよくするんだよ。では、スー
　　　　　プ、塩、サフランを入れよう。

　　メイ：こう？

　　　父：うん、すごくいいよ。今度は取り出しておいた残りの材料を入れて。そうしたら、
　　　　　沸騰するまで強火にかけるんだ。

　　メイ：沸騰しました。

　　　父：そしたら20分ぐらい弱火にかけておくだけでいいんだよ。

〈20分後〉

　　メイ：20分たちました。

　　　父：よし、もうできた。

　　メイ：ほら、フアン、私が作ったのよ。

　フアン：どれ、どうかな。もうお腹が空いて死にそうだよ。

　　全員：食べましょう！

　フアン：すごくおいしい。期待していたよりずっとおいしくできたね。

語彙リスト

会話	
paella	パエリヤ
estar de ～	～の状態にある、～中

　　Estoy de vacaciones.
　　　　　　　　私は休暇中です。
　　Estamos de viaje.
　　　　　　　　私たちは旅行中です。

vuelta	帰ること
delantal	エプロン
ensuciar	汚す
paellera	パエリヤ用鍋
fuego medio	中火
aceite	油
oliva	オリーブの実
agregar	加える、付加する
dorado	きつね色の、金色の
retirar	引き上げる、取り出す
aparte	別にして
sofreír	軽く炒める
blandito	blando（柔らかい）の縮小辞
remover	かき回す
impregnado	浸み込んだ
añadir	足す、付け加える
caldo	スープ
azafrán	サフラン
ingrediente	材料

fuego fuerte	強火
hervir	沸騰する
fuego lento	弱火
sabroso	おいしい

表現	
cable	ケーブル
flauta	フルート
turno	順番
ajo	ニンニク
picado	みじん切りの
descarga	ダウンロード
visualizar	視覚化する
pantalla	画面、スクリーン
presentar	提出する
trago	1回に飲み込む分量
echar un trago	一杯やる
entrevista	面接、インタビュー
negocio	ビジネス、事業、取引
rentable	収益性のある
ileso	無傷な
cumplir	～歳になる
pulsar	指で押す
botón	ボタン
arrancar	始動させる
motor	エンジン

vergüenza	恥ずかしさ	練習	
envidia	羨望、ねたみ	agitar	振る
esperanza de vida	平均余命	perderse de vista	見えなくなる
prever	予測する	propio	自身の
		encendido	スイッチが入った、点火された
文法解説		objeto de valor	貴重品
diputado,-da	下院議員	móvil	携帯電話
＊senador, -ra	上院議員	firmar	調印する、署名する
en público	人前に	estrechar la mano	握手する
consecuencia	結果	reconciliarse	仲直りする、和解する
engañar	だます	miedo	恐怖

表現

1.　～（する番）が当たる

Los fines de semana me toca preparar la comida.

週末は私が昼食を作る番なんだよ。

〈(a ＋人）間接目的格代名詞 ＋ tocar ＋名詞／不定詞〉

・tocarは他動詞としては「触る」「（楽器を）弾く」を表します。

　¡No toque el cable!　電線に触らないでください。

　Elena toca muy bien la flauta.　エレーナはフルートが上手です。

・自動詞として「～に当たる」を表し、gustar（～に気に入る）、doler（～に痛む）、importar（～に迷惑である）等の動詞と同様に、〈間接目的格代名詞＋動詞＋主語〉という倒置の構文になります。文法上の主語は名詞／不定詞になります。

　A Marta le tocó la lotería.　マルタは宝くじが当たりました。

　¿A quién le toca cocinar hoy?　今日の料理当番は誰ですか？

Te va a tocar el turno de nuevo. 　君にはもう一度番が回るでしょう。

Nos tocó el mejor guía cuando viajamos por México.

メキシコを旅行した時、私たちには最高のガイドがつきました。

2.　〜したら

Una vez caliente, agregaremos los mariscos.

熱くなったら魚介類を入れる。

〈una vez ＋ 形容詞／過去分詞〉

・una vezは「一度」を意味しますが、形容詞や過去分詞を後ろにつけて「〜
したら」「〜した後で」などを表すことができます。

・形容詞／過去分詞は修飾する名詞の性・数に一致させます。

　　Una vez dorado el ajo, añada una cebolla picada.

　　ニンニクがきつね色になったらみじん切りの玉ねぎを加えてください。

　　Una vez frío, el café nunca vuelve a su sabor original, aunque se caliente
　　de nuevo.

　　コーヒーは冷めると再び温めても元の味には戻りません。

　　Una vez terminado el proceso de descarga, los datos se visualizarán en la
　　pantalla.

　　ダウンロードが終わるとデータが画面上に示されます。

　　Una vez terminados los proyectos, los equipos presentarán su informe.

　　プロジェクトが終了するとチームは報告書を提出します。

　　Una vez terminada esta tarea, vamos a echar un trago.

　　この仕事が終わったら一杯やりましょう。

3.　（結果として）〜になる

Me está saliendo bien.

うまくいっています。

〈(a ＋ 人) 間接目的格代名詞 ＋ salir ＋ 副詞／形容詞／名詞〉

・「〜の結果になる」「結果として〜になる」を表します。

・副詞のbienを置くと「うまくいく」、malを置くと「まずい結果になる」を表
します。

　　A Carlos le ha salido bien el examen. 　カルロスは試験がうまくいきました。

—Estoy muy nervioso por la entrevista.　面接とても緊張するなあ。

—No te preocupes. Todo te saldrá bien.

心配しないで。すべてうまくいくよ。

¿Por qué nada me sale bien?

どうして何をやってもうまくいかないのかなあ？

・間接目的格代名詞を置かず、誰にとってかを示さない場合もあります。

Todo salió mal contra lo que esperábamos.

期待に反して、すべてが悪い結果になってしまいました。

・形容詞／名詞の場合は主語の性・数に一致させます。

El negocio ha salido muy rentable.

そのビジネスは非常に収益性の高いものになりました。

La selección japonesa salió victoriosa en la eliminatoria de la copa mundial.

日本代表はワールドカップの予選で勝利を収めました。

Algunos pasajeros salieron ilesos del accidente.

その事故で何人かの乗客は無傷でした。

Me salen siempre muy ricas las galletas de almendra.

アーモンドクッキーはいつもとてもおいしくできます。

De estos niños, algunos saldrán jugadores profesionales.

この子どもたちのうち何人かはプロの選手になるでしょう。

・会話中の「(La paella) Te ha salido mucho más sabrosa de lo que yo esperaba.
（期待していたよりずっとおいしくできたね。）」という表現もこの構文を使っ
ています。

・動詞 salir の代わりに resultar を使っても同様の意味を表せます。

¿Te resultó bien el examen?　試験はうまくいった？

No nos ha resultado fácil conseguir financiación.

融資を得るのは簡単ではありませんでした。

4.　〜するまで

Sofríe las verduras hasta que queden blanditas.

野菜が少し柔らかくなるまで炒めて。

〈hasta + que 直説法／que 接続法〉

・直説法と接続法の使い分けはcuandoと同じで、未来のことを述べる場合は接続法を使います。（⇒『初級』Lec.26）

> Esperaré aquí hasta que ella vuelva.　彼女が戻るまで私はここで待ちます。
> Esperé aquí hasta que ella volvió.　彼女が戻るまで私はここで待ちました。
> Me quedaré hasta que termines el trabajo.
> 私は君が仕事を終えるまで残っているよ。
> Anoche me quedé hasta que terminaste el trabajo.
> 昨夜私は君が仕事を終えるまで残っていたよ。

・会話では以下の文にもこの表現が使われています。

> Lo ponemos a fuego fuerte hasta que empiece a hervir.
> 沸騰するまで強火にかけるんだ。

・主節の動詞が否定されている場合、hasta que の後の動詞に虚辞（見せかけ）のnoと呼ばれるものがつきます。

> Mis padres no me dejan vivir solo hasta que no cumpla los veinte años.
> 私は20歳になるまで両親に一人暮らしをさせてもらえません。＝「私が20歳にならないうちは……」の「ならないうちは」に相当すると考えてください。

5.　～しさえすれば良い

No hay más que mantenerlo a fuego lento durante unos 20 minutos.
20分ぐらい弱火にかけておくだけでいいんだよ。
〈no hay más que ＋不定詞〉

・「～しさえすれば良い」「するだけで良い」を表します。

> No hay más que caminar para mejorar tu salud.
> 歩くだけで健康が改善します。
> No hay más que echar agua hervida y esperar tres minutos.
> お湯を注いで3分待ちさえすればいいんです。

・〈no tener más que ＋不定詞〉も同じ意味です。tenerは主語に応じて活用させます。

> Usted no tiene más que pulsar el botón para arrancar el motor.
> エンジンをかけるにはあなたはこのボタンを押すだけでいいです。
> No tienes más que llamarme por teléfono cuando llegues a la estación.
> 駅に着いたら私に電話をくれるだけでいいんです。

6.　～で死にそうだ

Ya me estoy muriendo de hambre.

もうお腹が空いて死にそうだよ。

〈morirse de + 名詞〉

・再帰代名詞なしの〈morir de/en + 名詞〉は「～で死ぬ」などを意味します。

　　El famoso pintor murió de una enfermedad.

　　その著名な画家は病死しました。

　　Ellos murieron en un accidente. 彼らは事故で亡くなりました。

・再帰代名詞をつけて、de の後に感覚・感情などを表す語を置くと、「～で死にそう」「死ぬほど～」を表します。

　　Me muero de vergüenza.　私は死ぬほど恥ずかしいです。

　　José se moría de envidia.　ホセは羨ましくてたまりませんでした。

　　Me estoy muriendo de ganas de ir al baño.

　　私はトイレに行きたくてたまりません。

7.　～する／した以上に

Te ha salido mucho más sabrosa de lo que yo esperaba.

期待していたよりずっとおいしくできたね。

〈más + 形容詞／副詞 + de lo que 直説法〉

・比較の対象が「期待していたもの」のように動詞を含む場合にこの構文を使います。

　　El profesor es mucho más simpático de lo que parece.

　　先生は見かけよりずっと親しみやすいです。

　　El examen fue más difícil de lo que me imaginaba.

　　試験は想像していたよりも難しかったです。

　　Ayer hizo mejor tiempo de lo que esperábamos.

　　昨日は私たちが期待していたより良い天気でした。

・de lo que の lo は、「～する／したこと」という抽象的な事柄でなく具体的な事柄を指す場合、その事柄に一致した定冠詞になります。

El año pasado se registró una esperanza de vida más larga de la que
habíamos previsto hace 10 años.
10年前に予測した（平均余命）よりも長い平均余命が、昨年記録されました。
（la は esperanza de vida を指す）

文法解説

1. 命令文における目的格人称代名詞と再帰代名詞

・初めに命令文の作り方を確認しましょう。肯定命令か否定命令かを区別して、
それぞれ人称に応じた活用形を用います。下の表で、comer の例を復習しましょう。

	肯定命令	否定命令
tú	命令法（直説法現在三人称単数） come　（君）食べなさい。	接続法現在 no comas　（君）食べないで。
usted	接続法現在 coma　（あなた）食べてください。	接続法現在 no coma　（あなた）食べないで ください。
nosotros	接続法現在 comamos　（私たち）食べましょう。	接続法現在 no comamos　（私たち）食べない ようにしましょう。
vosotros	命令法（原形語尾の -r を -d） comed　（君たち）食べなさい。	接続法現在 no comáis　（君たち）食べないで。
ustedes	接続法現在 coman　（あなた方）食べてください。	接続法現在 no coman　（あなた方）食べない でください。

・命令文における直接目的格人称代名詞、間接目的格人称代名詞、再帰代名詞
の位置を確認しましょう。（⇒『初級』Lec.29）

1）肯定命令の場合：目的格人称代名詞、再帰代名詞は肯定命令形の動詞の語
尾につけて、1語のように書きます。アクセントの位置を変えないために
アクセント記号をつける必要があることが多いです。

①目的格人称代名詞

  Lee (tú) + este libro   → Lee + lo → Léelo.

  （君）この本を読みなさい。→それを読みなさい。

  Da (tú) + a tu madre + esas flores → Da + le + las → Dáselas.

  （君）お母さんにその花をあげなさい。→ 彼女にそれらをあげなさい。

  ＊目的格代名詞がともに三人称の場合は間接目的格人称代名詞 le, les は se
   に変わります。

  Cómpralo. それを買いなさい。

  Dime la verdad. 私に本当のことを言いなさい。

②再帰代名詞

  Siente (usted) + se → Siéntese. （あなた）座ってください。

  Lava (tú) + te + las manos → Lava + te + las →Lávatelas.

  （君）手を洗いなさい。 →それらを洗いなさい。

  Póngase los zapatos. 靴を履いてください。

会話では「Ponte este delantal para no ensuciarte.（汚れないようにこのエプロ
ンをつけなさい。)」が使われています。

・再帰代名詞を伴う nosotros、vosotros を主語とする肯定命令形はそれぞれ語
 尾の s と d が脱落します。

  Levantemos + nos → Levantémonos. 起きましょう。

  Levantad + os → Levantaos. （君たち）起きなさい。

2）否定命令の場合：目的格人称代名詞、再帰代名詞は no と動詞の間に入れ
 ます。

①目的格人称代名詞

  No leas + este libro → No lo leas.

  （君）この本を読むな。→それを読むな。

  No des + a tu madre + esas flores → No des + le + las → No se las des.

  （君）お母さんにその花をあげるな。→彼女にそれらをあげるな。

  No lo compres. それを買わないでください。

  No me digas la verdad. 私に本当のことを言わないでください。

②再帰代名詞

  No siente + se → No se siente. （あなた）座らないでください。

  No lava + te + las manos → No lava + te + las → No te las laves.

  （君）手を洗うな。 →それらを洗うな。

  No se ponga los zapatos. 靴を履かないでください。

2. 使役・放任

(⇒『初級』Lec.27)

・〈hacer ＋不定詞〉で他者に（主に強制的に）「～させる」という使役を表します。

・〈dejar ＋不定詞〉で他者がある動作をすることを放任して「～させておく」という放任を表します。会話中の「¿Me dejas hacerlo?（私にやらせてくれますか？）」はこの構文に相当します。

・被使役者（使役の動作を被る人・物）は不定詞の後ろに置くことが多いです。

María hizo esperar a su novio. マリアは恋人を待たせました。

María dejó dormir a su novio. マリアは恋人を眠らせておきました。

・不定詞に関連語句がついている場合、被使役者を不定詞の前に置く方がすわりが良いとされます。

El profesor hace al alumno salir del aula.

先生はその生徒を（強制的に）教室から出させます。

El profesor deja al alumno salir del aula.

先生はその生徒を（放任して）教室から出させます。

・被使役者は人でも物でも構いません。

El fuerte viento hizo caer este árbol. 強風がこの木を倒しました。

Mario dejó sonar el teléfono. マリオは電話が鳴るままにしておきました。

・被使役者を代名詞で表す場合、以下の区別があります。

1）不定詞が自動詞の時：被使役者はhacerやdejarの直接目的語になります。被使役者を代名詞で表す場合、直接目的格代名詞を使います。

Hicieron llorar a Carmen. 彼らはカルメンを泣かせました。

→La hicieron llorar. 彼らは彼女を泣かせました。（llorar：自動詞）

Dejaron llorar a Carmen. 彼らはカルメンを泣かせておきました。

→La dejaron llorar. 彼らは彼女を泣かせておきました。（llorar：自動詞）

2）不定詞が他動詞で直接目的語をとる時：被使役者はhacerやdejarの間接目的語になります。

Hicieron a Carmen leer la carta. 彼らはカルメンに手紙を読ませました。

→Le hicieron leer la carta.

彼らは彼女に手紙を読ませました。（leer：他動詞）

Dejaron a Carmen leer la carta. 彼らはカルメンに手紙を読ませておきました。

→Le dejaron leer la carta.

彼らは彼女に手紙を読ませておきました。（leer：他動詞）

Lección
3

・dejarを再帰代名詞とともに用いて〈dejarse + 不定詞〉の構文にすると、「自分自身を〜されるがままにする」という意味になります。

El diputado acusado al fin se dejó ver en público.
その告発された議員はついに公の場に姿を見せました。
No te dejes llevar por tus emociones sin pensar en las consecuencias.
結果を考えずに感情に流されるな。
Es importante que no nos dejemos engañar por las apariencias.
外見にだまされないことが重要です。

・dejarは次の構文も作ることができます。

1）dejar + 現在分詞:「〜しているのを放っておく」
Dejaron a Carmen leyendo la carta.
彼らはカルメンが手紙を読んでいるのを放っておきました。

2）dejar + 過去分詞:「〜したままにしておく」
No dejen abierta la puerta.　ドアを開けたままにしないでください。

練習問題

1. 日本語と同様の意味になるように下の選択肢から適切なものを選び（　　）に入れなさい。

[　a / conducir / hacer / me / te / quién / toca / vez　]

1）誰の番ですか？
¿(　　　　　　　) (　　　　　　　　) le toca?
2）次の木曜日は私が発表をする番です。
(　　　　　　　) toca (　　　　　　　　) la presentación el próximo jueves.
3）今度は私が運転する番です。
Ahora me (　　　　　　) (　　　　　　).
4）次は君の番です。
La próxima (　　　　　　) a ti (　　　　　　) toca.

2. 例にならって、次の肯定命令文の下線部を直接目的格代名詞にして言い換え、更にその文を否定命令に変えなさい。

例：Lea el periódico. → Léalo. → No lo lea.

1) Coman esta paella.
2) Pruébate estos zapatos.
3) Regaladle estos caramelos.
4) Poneos los guantes.

Lección

3

3. （　）の動詞を適切な形に活用させなさい。また、日本語に訳しなさい。

1) Quédate aquí hasta que yo (regresar) _____ .

2) Los padres agitaron la mano hasta que su hijo (perderse) _____ de vista.

3) Usted no puede salir hasta que no le (bajar) _____ la fiebre.

4) No lo creí hasta que no lo (ver) _____ con mis propios ojos.

4. 日本語と同様の意味になるようにスペイン語を並べ替えなさい。

1) もう少し考えさせてください。
déjenme / más / pensar / poco / un

_____ .

2) 私はカルメンを20分ほど待たせました。
20 / a / Carmen / esperar / hice / minutos / unos

_____ .

3) コピー機の電源は入れたままにしておいてください。
dejen / encendida / fotocopiadora / la

_____ .

4) 貴重品をバスに置き忘れないでください。
autobús / objetos de valor / dejen / el / en / no / olvidados

_____ .

5) 両親はスサナに一人旅をさせません。
a / dejan / le / los / no / padres / sola / Susana / viajar

_____ .

5. スペイン語の音声を聴いて下線部に書き取りなさい。また、日本語に訳しなさい。　🔊- **05**

1) Este móvil _____ .

2) Durante las vacaciones _____ .

3) Mi último viaje a Kioto _____ .

4) La semana pasada en Madrid _____ .

6. スペイン語に訳しなさい。

1) 条約が調印されると、大統領たちは握手を交わしました。

_____

2) ―試験どうだった？
　―うまくいったよ。

_____

3) （君は）彼女と話さえすれば仲直りできるよ。

_____

4) 私は死ぬほど怖かったです。

_____

5) 私は寒くて死にそうです。

_____

6) 宿題を終えるのに思ったより時間がかかりました。

_____

表現

1. ～に聞こえる

   El nombre suena un poco raro.

   ちょっと変わった名前に聞こえる。

2. ～していない

   Los orígenes y otros muchos detalles de esta gran metrópoli siguen sin esclarecerse.

   この巨大都市の起源やそのほかの詳しいことは解明されていないの。

3. あたかも～のように

   Sabes todos los detalles de Teotihuacán, como si fueras arqueóloga.

   テオティワカンのこと詳しいんだね、まるで考古学者みたい。

4. 必ず～する

   Cuando vayas no dejes de subir a la pirámide del Sol.

   行ったら必ず太陽のピラミッドに登ってね。

5. ～しなさい、そうすれば…

   Pide algo en la cumbre y se te cumplirá el deseo.

   頂上で何かお願いをしてね、そうすれば願いがかなうのよ。

6. ～するよりほかに仕方がない

   No tuve más remedio que quedarme en casa.

   家にいるほかなかったんだ。

7. （不幸中の）幸いにも～

   Menos mal que me habías aconsejado que llevara zapatos cómodos.

   歩きやすい靴を履いていくようにアドバイスしてくれていてまだ良かったよ。

文法解説

1. 原因・理由を表す表現

   Ya que estoy en México, no puedo perder la oportunidad de visitar esas pirámides tan conocidas.

   メキシコにいるからにはかの有名なピラミッドを訪れるチャンスは逃せないからね。

Conversación Teotihuacán 🔊 - 06

Kenta: Voy a Teotihuacán este fin de semana. Ya que estoy en México, no puedo perder la oportunidad de visitar esas pirámides tan conocidas. ¿Has estado allí?

Carmen: Sí, fui hace ya más de diez años. Fueron impresionantes las pirámides.

Kenta: Teotihuacán es muy conocido en Japón también. Pero el nombre suena un poco raro, ¿no?

Carmen: Según tengo entendido, el nombre tiene origen en la lengua náhuatl. Se creía ampliamente que Teotihuacán significaba "ciudad de los dioses", según la traducción de la lengua náhuatl, pero nuevos análisis indican que significa "ciudad del sol" en lugar de "ciudad de los dioses". De todos modos, los orígenes y otros muchos detalles de esta gran metrópoli siguen sin esclarecerse.

Kenta: Eso quiere decir que todavía está envuelta en misterio. Sabes todos los detalles de Teotihuacán, como si fueras arqueóloga.

Carmen: Ay, no tanto. ¿Y cómo vas a ir allí?

Kenta: Pienso ir en autobús. Dicen que sale uno cada 15 minutos y tarda una hora o una hora y media.

Carmen: Cuando vayas no dejes de subir a la pirámide del Sol. Pide algo en la cumbre y se te cumplirá el deseo. Y te recomiendo llevar zapatos cómodos y sombrero, porque vas a caminar mucho al sol.

Kenta: Bueno, gracias por tus consejos.

⟨Unos días después⟩

Carmen: ¿Cómo te fue en Teotihuacán?

Kenta: Muy bien. Subí a las pirámide del Sol y de la Luna, y pedí mis deseos tal como me habías recomendado.

Carmen: ¿Qué deseos pediste?

Kenta: Son muchos y secretos, ¿eh?

Carmen: Bueno, de todos modos espero que se cumplan tus deseos.

Kenta: Gracias. Pero ayer me dolían las piernas y no tuve más remedio que quedarme en casa. Pero menos mal que me habías aconsejado que llevara zapatos cómodos. Gracias a tu consejo, pude caminar sin problema la calzada de los Muertos desde la pirámide de la Luna hasta la pirámide del Sol. Además vi también el templo de Quetzalcóatl, el palacio de los Jaguares y otros muchos monumentos.

Carmen: ¡Qué bueno! Entonces has visto casi todas las estructuras arquitectónicas, ¿no?

Lección

4

会話　テオティワカン遺跡

ケンタ：今週末テオティワカンに行くんだ。メキシコにいるからにはかの有名なピラミッドを訪れるチャンスは逃せないからね。行ったことある？

カルメン：ええ、もう10年以上前に行ったわ。ピラミッドは感動的だったわ。

ケンタ：テオティワカンは日本でも有名なんだ。でもちょっと変わった名前に聞こえるよね。

カルメン：私が理解しているところでは、名前の起源はナワトル語だそうなの。ナワトル語の訳からテオティワカンは「神々の都市」を意味すると広く思われていたんだけれど、最近の研究によれば、「神々の都市」でなく「太陽の都市」を意味するそうよ。いずれにしてもこの巨大都市の起源やそのほかの詳しいことは解明されていないの。

ケンタ：つまりまだ謎に包まれているってことだね。テオティワカンのこと詳しいんだね、まるで考古学者みたい。

カルメン：あらそれほどではないわ。それでどうやって行くの？

ケンタ：バスで行こうと思っているんだ。15分おきに出ていて、1時間か1時間半かかるそうなんだ。

カルメン：行ったら必ず太陽のピラミッドに登ってね。頂上で何かお願いをしてね、そうすれば願いがかなうのよ。それから歩きやすい靴を履いて帽子をかぶっていくことをお勧めする。日陰のない所をたくさん歩くことになるから。

ケンタ：分かった。アドバイスをありがとう。

〈数日後〉

カルメン：テオティワカンはどうだった？

ケンタ：すごく良かった。勧めてくれた通り、太陽のピラミッドと月のピラミッドに登ってお願い事もしたよ。

カルメン：何をお願いしたの？

ケンタ：たくさんお願いしたけど秘密だよ。

カルメン：そっか、いずれにしても願いがかなうように祈っているわ。

ケンタ：ありがとう。でも昨日は足が痛くて、家にいるほかなかったんだ。でも歩きやすい靴を履いていくようにアドバイスしてくれていてまだ良かったよ。おかげで月のピラミッドから太陽のピラミッドまで死者の道を歩けた。それにケツァルコアトルの神殿、ジャガーの宮殿、そのほかたくさん見学できたんだ。

カルメン：良かった！　じゃあほとんど全部の建造物を見たのね。

語彙リスト

会話

Teotihuacán	テオティワカン
oportunidad	機会、チャンス
náhuatl	ナワトルの
de todos modos	いずれにしても
detalle	詳細
metrópoli	大都市
esclarecer	解明する
envuelto	包まれた
misterio	神秘、謎
arqueólogo, -ga	考古学者
cumbre	頂上
cumplirse	かなえられる
cómodo	快適な
consejo	助言
remedio	対策、救済手段
aconsejar	助言する
calzada	道
muerto	死者
Quetzalcóatl	ケツァルコアトル
jaguar	ジャガー
arquitectónico	建築の

表現

propuesta	提案
resolución	解決

excusa	言い訳
poco original	ありふれた
teléfono inteligente	スマートフォン
funcionar	機能する、作用する
conflicto	紛争
solucionar	解決する
gobernador	総裁
abordar	取り組む
cabalmente	十分に、完全に
hipócrita	偽善者
comportarse	振る舞う、行動する
enfadarse	怒る
infracción	違反
apresurarse	急ぐ
contar	語る
decepcionado	落胆した
decisión	決定
suspender	中止する
evento	行事、イベント
renunciar	諦める
soportar	耐える、支える
ártico	北極の
aguantarse	我慢する
echar una mano	助ける
ascensor	エレベーター

69

de repente	突然に	crisis monetaria	通貨危機
encerrado	閉じ込められた	prolongarse	長引く
		aclarar	明らかにする
文法解説		detener	逮捕する
gusto	好み	herido	負傷者
levantar la sesión	閉会する	atender	手当てする
		apagón	停電
		lengua materna	母語
練習		cuandoquiera que ～	～の時はいつでも
apetecer	（欲望を）そそる		

表現

1.　～に聞こえる

El nombre suena un poco raro.

ちょっと変わった名前に聞こえる。

〈sonar ＋ 形容詞／副詞／a 名詞〉

・sonar は「Sonó el teléfono.（電話が鳴った。）」のように「鳴る」という意味
でも用いますが、〈sonar ＋ 形容詞／副詞／a 名詞〉の構文で、「～に聞こえる」
「～の印象を与える」を表現できます。

Lo que ella dijo suena interesante.　彼女が言ったことは興味深いと感じます。

Sé que suena raro, pero lo vi de verdad.

おかしく聞こえることは分かっていますが、私は本当にそれを見たんです。

La propuesta de resolución suena bien, pero en realidad no resuelve
los problemas.

解決案は良さそうに聞こえますが、実際には問題を解決しません。

Todo lo que dice ella suena a excusa.

彼女が言うことは皆、言い訳のように聞こえます。

・〈(a ＋ 人) 間接目的格代名詞〉をプラスすると「(人) にとって」を表せます。

Lo que dijo Carlos no me suena a broma.

カルロスが言ったことは私には冗談には聞こえません。

—¿No te suena muy atractivo su proyecto?

彼の計画はすごく魅力的に聞こえない？

—No, a mí no. Me suena poco original.

いや、私にはそうは聞こえないな。ありふれた印象だな。

2.　～していない

Los orígenes y otros muchos detalles de esta gran metrópoli siguen sin
esclarecerse.

この巨大都市の起源やそのほかの詳しいことは解明されていないの。

〈seguir sin ＋ 不定詞〉

・不定詞の行為が行われていない状態が続くことを表します。

Mi teléfono inteligente sigue sin aparecer.

私のスマートフォンは出てきていません。

Este mecanismo para reducir las emisiones de CO_2 sigue sin funcionar.
CO_2 の排出を削減するこのメカニズムはまだ機能していません。

・会話で使われている文では、「los orígenes y otros muchos detalles de esta gran metrópoli」が主語なので、esclarecer（解明する）に再帰代名詞をつけて受身を示しています。

・ほかにも「詳細は解明されていない」という文は以下の表現で表すことができます。

1）主語として行為者「考古学者」を用いて表現する
Los arqueólogos siguen sin esclarecer los detalles.
考古学者は詳細を解明していない。

2）「詳細」を主語にして〈ser＋過去分詞〉で表現する
Los detalles no han sido esclarecidos.　詳細は解明されていない。

3）〈seguir sin＋不定詞〉を使って表現する
Los detalles siguen sin ser esclarecidos.　詳細は解明されていない。
Los detalles siguen sin esclarecerse.（再帰代名詞 se を使って受身を表現）

・上の例のように sin の後ろの不定詞は再帰動詞や受身など、いろいろな形がきます。動詞の形に注意して下の例文を確認しましょう。

El conflicto comercial entre ambos países sigue sin solucionarse.
両国間の通商紛争は解決されていません。

El conflicto comercial entre ambos países sigue sin ser solucionado.
両国間の通商紛争は解決されていません。

Ambos países siguen sin solucionar el conflicto comercial.
両国は通商紛争を解決していません。

Sigue sin conocerse el nombre del próximo gobernador del Banco Central.
中央銀行の次期総裁の名前は分かっていません。

El tema del calentamiento global sigue sin ser abordado cabalmente.
地球温暖化の問題は十分に対処されていません。

3.　あたかも～のように

Sabes todos los detalles de Teotihuacán, como si fueras arqueóloga.
テオティワカンのこと詳しいんだね、まるで考古学者みたい。
〈como si＋接続法過去／接続法過去完了〉

・事実に反したことを想定して「まるで〜のように」を表します。(⇒『初級』
Lec.30)

1) como si + 接続法過去
・主節の表す時と同時の事柄を想定して「まるで〜のように」を表現する場合は、
接続法過去を使います。
・主語の時制には現在形も過去形も使うことができます。

Carlos canta bien, como si fuera cantante profesional.
カルロスはまるでプロの歌手であるかのように上手に歌います。

Carlos cantó bien, como si fuera cantante profesional.
カルロスはまるでプロの歌手であるかのように上手に歌いました。

Carlos cantaba bien, como si fuera cantante profesional.
カルロスはまるでプロの歌手であるかのように上手に歌っていました。

Él es un hipócrita, porque habla como si no supiera nada de esto.
彼は偽善者です。なぜならこのことを何も知らないかのように話している
からです。

Recuerdo aquel día como si fuera ayer.
私はまるで昨日のことのようにあの日を覚えています。

2) como si + 接続法過去完了
・主節の表す時よりも以前の事柄を表して「まるで〜だったかのように」を表
現する場合は、接続法過去完了を使います。
・主節の時制には現在形も過去形も使うことができます。

David se comporta como si no hubiera pasado nada.
ダビッドは、まるで何もなかったかのように振る舞います。

David se comportó como si no hubiera pasado nada.
ダビッドは、まるで何もなかったかのように振る舞いました。

David se comportaba como si no hubiera pasado nada.
ダビッドは、まるで何もなかったかのように振る舞っていました。

Ella se enfada conmigo como si lo hubiera hecho yo.
まるで私がそれをしたかのように彼女は私に腹を立てています。

La policía me trató como si yo hubiera cometido alguna infracción.
警官はまるで私が何か違反をしたかのように扱いました。

4. 必ず〜する

Cuando vayas no dejes de subir a la pirámide del Sol.
行ったら必ず太陽のピラミッドに登ってね。
〈no dejar de ＋不定詞〉

・〈dejar de ＋不定詞〉は「〜するのをやめる」という意味で、動作の中断を表現します。

La niña dejó de llorar al ver a su madre.
女の子は母親を見ると泣くのをやめました。
Nos iremos cuando deje de llover.　雨がやんだら行きましょう。
Deje de molestarme, por favor.　邪魔をするのはやめてください。

・否定文の〈no dejar de ＋不定詞〉は以下の意味を表します。

1）「〜するのをやめることをしない」→「きっと〜する」、すなわち「必ず〜する」を意味します。未来や命令を表す場合に用いることが多いです。

¡No dejes de llamarme si tienes algún problema!
何か問題があったら必ず私に電話しなさいね。
Cuando vayas a Valencia, no dejes de comer paella.
バレンシアに行ったら必ずパエリヤを食べてね。

2）「〜するのをやめることをしない」→「ずっと〜する」を意味し、動作・状態の継続を意味します。

No dejó de llover toda la mañana.　午前中ずっと降りやみませんでした。
No dejaré de estudiar español.　私はずっとスペイン語を勉強し続けます。

5. 〜しなさい、そうすれば…

Pide algo en la cumbre y se te cumplirá el deseo.
頂上で何かお願いをしてね、そうすれば願いがかなうのよ。
〈命令文＋ y〉

・命令文の後ろに接続詞「y」を置いて、「〜しなさい、そうすれば…」を表現します。

Estudia más y pasarás el examen.
もっと勉強しなさい、そうすれば試験に合格するよ。
Sigue divirtiéndote de esa manera y no pasarás el examen.
そうやって遊んでいなさい、そしたら試験に合格しないよ。

Tomad el autobús y os saldrá más barato.

君たちバスに乗りなさい、そうすればもっと安いですよ。

・命令文の後ろに接続詞「o」を置いて〈命令文＋o〉の構文にすると、「～し
なさい、さもないと…」を表します。

Estudia más o no pasarás el examen.

もっと勉強しなさい、さもないと試験に合格しないよ。

Date prisa o no llegarás a tiempo. 急ぎなさい、でないと間に合わないよ。

Apresúrate o salimos sin ti. 早くしろ、でないと君を置いて出かけるぞ。

・〈命令文＋que〉の構文は、「～しなさい、というのは…だから」を意味し、
補足的に命令の理由を述べる表現です。

Pasa, que te voy a contar una cosa. 入って、話があるから。

Date prisa, que el desayuno está listo. 早くして、朝食ができているんだから。

No se quede tan decepcionado, que pronto tendrá otra oportunidad.

そんなにがっかりしないでください、すぐにまたチャンスがありますよ。

6. ～するよりほかに仕方がない

No tuve más remedio que quedarme en casa.

家にいるほかなかったんだ。

〈no tener más/otro remedio que ＋不定詞〉

・〈no tener más/otro remedio que ＋不定詞〉で、「（人・事物が）～するよりほ
かに仕方がない」を表します。

No tenía más remedio que estar de acuerdo con su decisión.

私は彼の決定に賛成するよりほかありませんでした。

No tenemos otro remedio que suspender el evento.

私たちはイベントを中止せざるを得ません。

No tienes más remedio que renunciar a ella.

君は彼女をあきらめるよりほかに仕方がないよ。

Los habitantes no tienen otro remedio que soportar las largas y oscuras
noches del invierno ártico.

住民は、北極地方の冬の長くて暗い夜に耐えるしかありません。

・動詞tenerの代わりにquedarを用いて〈no quedar más/otro remedio que ＋不
定詞〉で同じ意味を表せます。quedarを使う構文では、tenerを使う構文で
主語になるものが間接目的語になります。

75

No te queda más remedio que renunciar a ella.

君は彼女をあきらめるよりほかに仕方がないよ。

No nos queda otro remedio que aguantarnos.

私たちは我慢するより仕方がありません。

・主語を明確にする必要がない場合は、〈no haber más/otro remedio que + 不定詞〉で表現します。

No había más remedio que operar.　手術するほか仕方がありませんでした。

Sé que no quieres ir, pero no hay más remedio.

君が行きたくないのは分かっているけれど、ほかに仕方がないんだ。

7. （不幸中の）幸いにも〜

Menos mal que me habías aconsejado que llevara zapatos cómodos.

歩きやすい靴を履いていくようにアドバイスしてくれていてまだ良かったよ。

〈menos mal ＋ que直説法〉

・「〜でまだ良かった」「幸いにも〜」を表します。

Menos mal que el problema no es tan grave.

問題がそんなに深刻でなくてまだ良かった。

Menos mal que mañana no hará tanto viento como hoy.

幸いにも明日は今日ほど強く風は吹かないでしょう。

Menos mal que encontré mi bolso, aunque no estaba el dinero que llevaba en él.

中に入れておいたお金はなくなりましたが、幸いバッグは見つかりました。

Esta semana he tenido mucho trabajo, pero menos mal que mis compañeros me han echado una mano.

今週は仕事がたくさんありましたが、幸い同僚が手を差し伸べてくれました。

El ascensor paró de repente, pero menos mal que nadie quedó encerrado.

エレベーターが突然止まりましたが、閉じ込められた人が誰もいなかったのが不幸中の幸いでした。

Hubo un accidente de tráfico, pero menos mal que he llegado a tiempo.

交通事故がありましたが、幸いにも間に合いました。

Había mucha gente enfrente de la Sagrada Familia, pero menos mal que habíamos hecho reserva para visitarla.

サグラダファミリアの前にはたくさん人がいましたが、見学の予約をしておいてまだ良かったです。

文法解説

1. 原因・理由を表す表現

・原因や理由は、前置詞（句）、接続詞（句）、動詞等を用いて表現できます。

*前置詞（句）por、a causa de等：後ろに名詞を置きます。

 Suspendimos el partido por el mal tiempo.

 悪天候のため私たちは試合を中止しました。

*接続詞（句）porque、como等：後ろに主述構造の文を置きます。

 Suspendimos el partido porque hacía mal tiempo.

 天気が悪かったので私たちは試合を中止しました。

*動詞causar、traer、producir、obligar等

 El mal tiempo nos obligó a suspender el partido.

 悪天候のため私たちは試合を中止することを余儀なくされました。

・ここでは上記のうち、原因・理由を表す接続詞（句）について確認しましょう。

1）porque ＋直説法：「〜なので」

・はっきりと原因・理由を表す接続詞で、聞き手にとって未知の事柄も含め、理由として持ち出すのに適切な表現です。そのため、〈¿Por qué ...?〉で始まる疑問文の返答に好んで用いられます。

 — ¿Por qué has llegado tarde?　なぜ遅れたのですか？

 — Porque hubo un accidente de tráfico.　交通事故があったからです。

・英語のbecauseに相当し、主文の後ろに置くことが多いです。

 Tomé un taxi porque llovía.

 雨が降っていたので私はタクシーに乗りました。

 No voy a la fiesta porque me duele la cabeza.

 私は頭が痛いのでパーティーに行きません。

・〈porque ＋直説法〉は単なる原因・理由を表しますが、〈no porque ＋接続法〉は理由自体を否定し「〜だからといって…するのではない」を表します。

 Lo hago no porque mis padres me lo digan.

 両親が言うからそれをするのではありません。

 No voy a la fiesta porque no quiera, sino porque me duele la cabeza.

 私は行きたくないからではなく、頭が痛いのでパーティーに行かないんです。

2）como + 直説法：「〜なので」「〜だから」

・porqueと同様の意味で用いますが、どちらかというと原因・理由を既定の事実のようにとらえて述べることが多いので、文頭に置くのが普通です。

・〈¿Por qué ...?〉で始まる疑問文の返答には通常使いません。

・英語のsinceやasに相当します。

Como hoy hace frío, no salgo de casa.　今日は寒いので私は出かけません。

Como no me quedaba dinero, no lo compré.

もうお金がなかったので、私はそれを買いませんでした。

3）ya que / puesto que / dado que + 直説法：「〜であるからには」「〜である以上は」

・自明の事実を原因・理由として提示します。

会話中の、「Ya que estoy en México, no puedo perder la oportunidad de visitar esas pirámides tan conocidas. （メキシコにいるからにはかの有名なピラミッドを訪れるチャンスは逃せないからね。）」という文においては、「（ケンタが）メキシコにいる」というカルメンにとっても既知の事実を理由として述べています。

Ya que estás en Granada, debes visitar la Alhambra.

グラナダにいる以上は、君はアルハンブラ宮殿を訪れるべきだよ。

Puesto que ya han decidido, no queda otro remedio.

彼らが決めてしまったからには、ほかに方法はありません。

Puesto que lo vimos en el centro comercial hace un rato, no puede estar en la oficina.

私たちは少し前に彼をショッピングモールで見かけたので、オフィスにいるはずはありません。

Dado que ya eres mayor de edad, tienes que ser responsable.

君はもう成人なのだから、責任を持たなくてはなりません。

・必ずしも文頭に置く必要はありません。

No sé qué regalarle a Josefina, ya que no conozco sus gustos.

ホセフィーナの好みを知らないので、彼女に何をプレゼントしたらいいか分かりません。

Hoy me voy temprano a casa, ya que es el cumpleaños de mi madre.

今日は母の誕生日なので、早く家へ帰ります。

Pedro no está enfermo, puesto que lo he visto en el cine.

ペドロは病気じゃないよ。だって映画館で彼を見かけたもの。

4) en vista de que + 直説法：「〜を踏まえて」「〜から判断して」

En vista de que no hablaba nadie más, se levantó la sesión.

もう誰も発言しなかったので、会議は閉会しました。

En vista de que el problema sigue sin resolverse, sería necesario tomar otras medidas.

問題が解決されないままですから、ほかの措置をとることが必要でしょう。

練習問題

1. 理由や動機を導く接続詞（句）に下線を引きなさい。また、日本語に訳しなさい。

1) Carlos no ha venido porque está enfermo.

2) Como no me apetecía, no fui a la fiesta.

3) Como ayer hizo mucho frío, estuve en casa todo el día.

4) Puesto que había estudiado mucho, ella sacó buenas notas.

5) En vista de que la crisis monetaria se prolonga, muchas empresas han decidido despedir a sus trabajadores.

2. 日本語と同様の意味になるように下の選択肢から適切なものを選び（   ）に入れなさい。一度も使わない選択肢もある。

[aclarar / aclararse / detenido / detenidos / ha / resolver / resolverse / ser / sigue / siguen / sin]

1) 貧困問題は解決されていません。
   El problema de la pobreza (   ) (   ) ser resuelto.
2) 貧困問題は解決されていません。
   El problema de la pobreza sigue sin (   ).
3) 負傷者や病人の多くはまだ手当を受けていません。
   Muchos de los heridos y enfermos (   ) sin (   ) atendidos.
4) 大停電の原因は現在に至るまで解明されていません。
   Las causas del gran apagón siguen sin (   ) hasta ahora.
5) 警察は泥棒を捕まえていません。
   La policía no (   ) (   ) a los ladrones.
6) 泥棒は捕まっていません。
   Los ladrones siguen sin ser (   ).

3. 日本語と同様の意味になるように（　　）の動詞を適切な形に活用させなさい。

1) アントニオはまるで母国語であるかのように英語を話します。
Antonio (hablar) _____ inglés como si (ser) _____ su lengua materna.

2) ハイメはたった10歳ですが、大人のように話します。
Jaime tiene solo diez años, pero (hablar) _____ como si (ser) _____ un hombre.

3) 彼はまるで私を知らないかのように私に挨拶しませんでした。
Él no me (saludar) _____, como si no me (conocer) _____.

4) 彼らは私を自分たちの娘のように扱ってくれました。
Me (tratar) _____ como si (ser) _____ hija suya.

5) 私はまるで大きな誤りを犯したかのように非難されました。
Me (criticar) _____ como si yo (cometer) _____ un error grande.

4. 日本語と同様の意味になるようにスペイン語を並べ替えなさい。

1) 嘘を言うのはやめろ。
de / decir / deja / mentiras

_____.

2) 赤ん坊は泣きやみませんでした。
bebé / de / dejó / el / llorar / no

_____.

3) 東京にいらしたら必ず私の家にお立ち寄りください。
a / casa / cuando / de / deje / mi / no / pasar / por / Tokio / venga

_____.

4) 必要な時はいつでも私に電話して。
cuandoquiera / de / dejes / llamarme / me / necesites / no / que

_____.

5) 彼女は1日たりとも仕事を休みません。
de / deja / día / ella / ni / no / solo / trabajar / un

_____.

5. スペイン語の音声を聴いて下線部に書き取りなさい。また、日本語に訳しなさい。　🔊-07

1) Duerme bien y come mucho, ＿＿＿＿＿＿＿＿＿＿＿＿＿＿＿＿＿＿＿＿＿＿.

2) Toma el taxi ＿＿＿＿＿＿＿＿＿＿＿＿＿＿＿＿＿＿＿＿＿＿＿＿＿＿＿＿.

3) No te preocupes, ＿＿＿＿＿＿＿＿＿＿＿＿＿＿＿＿＿＿＿＿＿＿＿＿＿.

6. スペイン語に訳しなさい。

1) 私は旅行を取りやめざるを得ませんでした。
＿＿＿＿＿＿＿＿＿＿＿＿＿＿＿＿＿＿＿＿＿＿＿＿＿＿＿＿＿＿＿＿＿＿

2) 君が言うことは私には冗談には聞こえないよ。
＿＿＿＿＿＿＿＿＿＿＿＿＿＿＿＿＿＿＿＿＿＿＿＿＿＿＿＿＿＿＿＿＿＿

3) フアナはまるで私の母親であるかのように話します。
＿＿＿＿＿＿＿＿＿＿＿＿＿＿＿＿＿＿＿＿＿＿＿＿＿＿＿＿＿＿＿＿＿＿

4) 地下鉄で行ってください、そうすれば間に合うでしょう。
＿＿＿＿＿＿＿＿＿＿＿＿＿＿＿＿＿＿＿＿＿＿＿＿＿＿＿＿＿＿＿＿＿＿

5) 東京に着いたら必ず私に電話しなさいね。
＿＿＿＿＿＿＿＿＿＿＿＿＿＿＿＿＿＿＿＿＿＿＿＿＿＿＿＿＿＿＿＿＿＿

6) 幸いにも明日は今日ほど雨は降らないでしょう。
＿＿＿＿＿＿＿＿＿＿＿＿＿＿＿＿＿＿＿＿＿＿＿＿＿＿＿＿＿＿＿＿＿＿

表現

1. 何を（どれを）〜したらいいか

   No sé qué regalarle.
   何をプレゼントしたらいいか分からないんだ。

2. 〜したらどう？

   ¿Por qué no vas de compras?
   買い物に行ってみたらどう？

3. （衣類などが）（人に）〜である

   Le quedará bien. （彼女に）よく似合うだろうな。

4. 〜を自分の物にする

   Me quedo con esta. これにする。

5. 〜してもいい

   ¿Me permite probármela?
   試着してもよろしいですか？

6. （物や事が）（人に）〜である

   Me viene un poco grande. 私には少し大きいわ。

7. どんなにたくさん〜しても

   Por mucho que me guste, no debo comprarla, ¿verdad?
   どんなに気に入っても買うべきじゃないよね。

8. 必ずしも〜とは限らない

   Los vestidos de nuestro gusto no siempre nos quedan bien.
   好みの服が必ずしも似合うとは限らないから。

文法解説

1. si を使う非現実的条件文

   Si fuera para tu madre, ¿qué le comprarías?
   君が自分のお母さんにあげるとしたら、何を買う？

Conversación   Un regalo para mi madre   🔊-08

Juan: Mei, la semana que viene es el cumpleaños de mi madre. Me gustaría
    comprarle algo de regalo, pero no sé qué regalarle.

Mei: ¡Qué difícil! ¿Por qué no vas de compras? Así, a lo mejor se te ocurrirá
    algo.

Juan: Buena idea. ¿Tú me acompañarías?

Mei: Sí, con gusto.

⟨En la calle⟩

Juan: Si fuera para tu madre, ¿qué le comprarías?

Mei: A ver..., déjame pensar..., bueno, ¿qué tal un bolso?

Juan: No, ya le regalé uno en la Navidad del año pasado.

Mei: Entonces, ¿algo de ropa? Mira, esta tienda tiene ropa muy bonita.

Juan: Vale, entremos a ver.

⟨En la tienda⟩

Mei: ¿Qué te parece esta camisa?

Juan: No. No creo que se la ponga. Es demasiado moderna para mi madre.
    Le gustará una más discreta.

Mei: ¿Y esta? Es discreta y elegante.

Juan: Sí, me gusta. Le quedará bien.

Mei: También esta es muy elegante.

Juan: Ciertamente. Las dos me gustan. No sé cuál escoger. ¿Cuál comprarías
    tú?

Mei: Bueno..., las dos son monas, pero esta le quedará mejor a tu madre.

Juan: Vale. Me quedo con esta.

Mei: Ya que te quedas con esa, yo me voy a probar esta. Es que me encanta
    esta camisa. Señorita, ¿me permite probármela?

Dependienta: Sí, claro. Por aquí, por favor.

Mei: Me viene un poco grande. ¿Podría traerme una talla menos, por favor?

Dependienta: Cómo no. Enseguida se la traigo.

Mei: Oye Juan, ¿crees que me queda bien?

Juan: Um... No, sinceramente no. Lo siento, pero creo que debo decírtelo con
    franqueza.

Mei: ¿No? Bueno, tienes razón. No me queda bien, ¿verdad? No hay remedio. Por mucho que me guste, no debo comprarla, ¿verdad?

Juan: Así es. Los vestidos de nuestro gusto no siempre nos quedan bien. ¿Qué te parece esta que es muy mona? Esta creo que te quedará bien.

Mei: Ah, sí, puede que tengas razón. Me encanta.

会話　母へのプレゼント

フアン：メイ、来週は僕の母の誕生日なんだ。何かプレゼントを買ってあげたいんだけど、何をプレゼントしたらいいか分からないんだ。

メイ：難しいね！　買い物に行ってみたらどう？　そうすればたぶん何か考えが浮かぶかも。

フアン：いい考えだね。付き合ってくれる？

メイ：ええ、喜んで。

〈街で〉

フアン：君が自分のお母さんにあげるとしたら、何を買う？

メイ：そうね……考えさせて……、そうね、バッグはどう？

フアン：だめなんだ、去年のクリスマスにもうバッグをプレゼントしたから。

メイ：じゃあ何か洋服は？　ほら、この店にはとても素敵な服があるわよ。

フアン：そうだね、入ってみよう。

〈店で〉

メイ：このシャツはどう？

フアン：いや。それは着ないと思うんだ。母にはモダンすぎるかな。もう少し地味なのが好きだろうなー。

メイ：じゃあこれは？　落ち着いた感じでエレガントよ。

フアン：うん、気に入った。よく似合うだろうな。

メイ：これもとてもエレガントだわ。

フアン：確かに。両方とも好きだ。どちらを選んだらいいか分からないや。君だったらどっちを買う？

メイ：そうね……、二つとも素敵だけど、あなたのお母さんにはこれの方がよく似合うと思う。

フアン：そうだね。これにする。

メイ：あなたがそれにするのなら、私はこれを試着してみるわ。このシャツとても気に入っちゃった。すみません、試着してもよろしいですか？

店員：はい、もちろんです。こちらにどうぞ。

メイ：私には少し大きいわ。もう一つ小さいサイズのを持ってきてくれませんか？

店員：かしこまりました。すぐにお持ちします。

メイ：ねえ、フアン、私に似合うと思う？

フアン：うーん、いや、正直に言うと似合わない。悪いけど正直に言わないわけにはいかないからね。

メイ：似合わない？　そうね、言う通りだわ。私には似合わない。仕方ないわ。どんなに気に入っても買うべきじゃないよね。

フアン：そうだね。好みの服が必ずしも似合うとは限らないから。このとてもかわいいのはどう？　これは似合うと思うよ。

メイ：あ、うん、言う通りかも。すごく好きだわ。

語彙リスト

会話

algo de +名詞／不定詞	いくらかの〜、何か 〜する物／こと

Quiero algo de comer.
　　　　　何か食べる物が欲しいです。
Él entiende algo de japonés.
　　　　　彼は日本語がいくらか分かります。

ocurrirse	(考えなどが)浮かぶ
con gusto	喜んで
moderno	現代的な
discreto	地味な、控えめな
escoger	選ぶ
mono	かわいい、素敵な
probar	試す
talla	(衣服や靴等の)サイズ
una talla menos	もう一つ小さいサイズ
una talla más	もう一つ大きいサイズ
talla única(para todos)	フリーサイズ
enseguida	すぐに
sinceramente	心から、率直に
franqueza	率直さ

表現

carrera	経歴、課程
estrecho	きつい、狭い、窮屈な
peinado	髪型
vuelta	釣り銭

carné de identidad	身分証明書
tormenta	暴風雨
aduana	税関
introducir	持ち込む
jamón serrano	ハモンセラーノ
autoridad	当局、権限
importación	輸入
medicamento	薬剤
ancho	広い
chaqueta	ジャケット
apretado	きつい、詰まった
justo	ちょうどの、正しい
engordar	太る
insistir	固執する、強く主張する
convencer	説得する
desafortunadamente	残念ながら、不運にも
método	方法
riqueza	豊かさ、富
implicar	意味する、含む
descubrimiento	発見

文法解説

arriesgar	危険にさらす
salvar	救出する、救う

練習		daño	損害
apropiado	適切な	inmediatamente	即時に
instante	瞬間	visible	目に見える
esperanza	希望		

表現

1. 何を（どれを）〜したらいいか

No sé qué regalarle.

何をプレゼントしたらいいか分からないんだ。

〈疑問詞＋不定詞〉

・疑問詞の後ろに不定詞を置いて「何を／どれを／誰を／どこで〜したらいいか」
を表現します。

・会話中では、「No sé cuál escoger.（どちらを選んだらいいか分からないや。）」
という表現も使われています。

　　No sé cómo hacer.　私はどんなふうにやったらいいか分かりません。

　　¿Me puedes enseñar cómo hacer una paella?

　　パエリヤの作り方を教えてくれませんか？（⇒本書Lec.3）

　　No sé qué hacer.　私は何をしたらいいか分かりません。

　　Juan sabía adónde ir.　フアンはどこへ行ったらいいか分かっていました。

　　No sabemos a quién contárselo.

　　私たちは誰にそれを話したらいいか分かりません。

　　Vamos a preguntarle a la guía dónde comprar las entradas.

　　ガイドさんにどこで入場券を買ったらいいか尋ねましょう。

2. ～したらどう？

¿Por qué no vas de compras?

買い物に行ってみたらどう？

〈por qué no + 直説法〉

・por quéは「なぜ」という理由を問う疑問詞です。

 ¿Por qué sales?　どうして出かけるの？

 ¿Por qué no sales?　どうして出かけないの？

 ¿Por qué no viniste?　なぜ来なかったの？

・疑問詞por quéがついた否定文は、理由を問うほか、提案や依頼にも用います。

 ¿Por qué no sales?　出かけたらどう？

 ¿Por qué no me habla de su carrera?

 あなたの経歴を話してくれませんか？

・否定文の主語を1人称複数形にすると「～しよう」という勧誘の意味になります。

 ¿Por qué no vamos a La Habana?　ハバナへ行こうよ。

 ¿Por qué no comemos juntos?　一緒に食事しませんか？

3. （衣服などが）（人に）～である

Le quedará bien.

（彼女に）よく似合うだろうな。

〈(a + 人) 間接目的格代名詞 + quedar + 形容詞／副詞〉

・衣服や髪型等を主語として「（人）に～である」を意味します。

・形容詞は主語の性・数に合わせます。

 A Carolina le queda grande esta falda.

 このスカートはカロリーナには大きいです。

 Los zapatos te quedan un poco estrechos.　その靴は君には少しきついです。

・bien、malを置くと「～に似合う」「～に似合わない」を表します。

 A Carlos le queda bien esa corbata.

 カルロスにそのネクタイはよく似合います。

 —¿Me queda bien este peinado?　この髪型似合っている？

 —No, no te queda bien el pelo corto.

 いや、君にはショートヘアは似合わないよ。

 Te queda mal el verde.　緑色は君に似合いません。

4. 〜を自分の物にする

Me quedo con esta.

これにする。

〈quedarse con ＋事物〉

・〈quedarse con ＋事物〉で「(事物を) 自分の物にする」「購入する」を表します。

 —¿Le gusta esta camisa, señora?　お客様、このシャツはお気に召しましたか？

 —Sí, me quedo con ella.　はい、これをいただきます。

 Quédese con la vuelta.　お釣りは取っておいてください。

 —Tienes muchas camisetas, ¿no? Esta es muy mona.

 Ｔシャツたくさん持ってるんだね。これすごくかわいい。

 —Si te gusta, quédate con esa camiseta. Te la regalo.

 そのＴシャツ、気に入ったなら取っておいて。それ君にあげるよ。

5. 〜してもいい

¿Me permite probármela?

試着してもよろしいですか？

〈(a ＋人) 間接目的格代名詞 ＋ permitir ＋不定詞／que接続法／名詞〉

・permitir (許可する) の相手は間接目的語で表し、不定詞を置いて「(間接目的語) が〜 (不定詞) するのを許す」を表現します。

 ¿Me permite ver su carné de identidad, por favor?

 身分証明書を見せていただけますか？（あなたは私に身分証明書を見ることを許可しますか？）

 El profesor nos permitió usar su ordenador.

 先生は私たちにコンピューターを使わせてくれました。

 ¿Me permite hacerle una pregunta?

 質問してよろしいでしょうか？

 Los padres de María no le permiten salir por la noche.

 マリアの両親は彼女に夜の外出を許可しません。

 Anoche la tormenta no le permitió dormir a José.

 昨晩、暴風雨でホセは眠れませんでした。

En la aduana no le permitieron a mi amigo introducir en el país jamón
serrano de España.

税関で私の友人はスペインのハモンセラーノを持ち込むことが認められま
せんでした。

・不定詞の代わりにque接続法を置いても同じ意味を表現できます。会話中の
表現「¿me permite probármela?」も「¿me permite que me la pruebe?」に置
き換えても全く同じ意味になります。

　　¿Me permite que abra la ventana? (=¿Me permite abrir la ventana?)
　　窓を開けても構いませんか？（私が窓を開けるのを許可しますか？）
　　Permítame que le presente al señor Sánchez.
　　(=Permítame presentarle al señor Sánchez.)
　　サンチェスさんを紹介させてください。

・不定詞の代わりに名詞を置くこともできます。

　　El profesor no nos permite el uso de teléfonos móviles.
　　先生は私たちに携帯電話の使用を許可しません。
　　Las autoridades no le permitieron la importación de ese medicamento.
　　当局は彼にその薬の輸入を許可しませんでした。
　　¿Me permite su pasaporte?　パスポートをお願いします。

6. （物や事が）（人に）〜である

Me viene un poco grande.
私には少し大きいわ。

〈(a＋人) 間接目的格代名詞＋venir＋形容詞／副詞〉

・物や事を主語として「（人）に〜である」を意味します。

・形容詞は主語の性・数に一致させます。

　　Este piso nos viene ancho.　このマンションは私たちには広いです。
　　Esta mesa me viene pequeña.　このテーブルは私には小さいです。

・衣服などを主語とすると、表現3で学習したquedarと同じ意味を表すことが
できます。

　　El pantalón me viene grande.　そのズボンは私には大きいです。
　　＝ El pantalón me queda grande.　そのズボンは私には大きいです。
　　Esta chaqueta me viene muy apretada.
　　このジャケットは私にはとてもきついです。

Ese traje te viene justo.　そのスーツは君にぴったりです。

A Tomás le venía ancho el pantalón.

そのズボンはトマスにはゆるかったです。

・bien、malを置くと「～に似合う／似合わない」「都合が良い／悪い」を表します。

El verde te viene bien.（= El verde te queda bien.）

緑色は君に似合います。

Esa camisa le venía mal a Juana.（= Esa camisa le quedaba mal a Juana.）

そのシャツはフアナには似合いませんでした。

—¿Qué te parece hoy?　今日はどう？

—Hoy no me viene bien.　今日は都合が悪いです。

A Susana le viene bien vivir en casa de su abuela.

スサナには祖母の家に住むのは都合がいいです。

¿Te viene bien que salgamos mañana?

私たち明日出発するということで都合はいい？

Nos encontraremos a la hora que le venga mejor.

あなたに都合の良い時間に会いましょう。（mejorはbienの比較級）

7.　どんなにたくさん～しても

Por mucho que me guste, no debo comprarla, ¿verdad?

どんなに気に入っても買うべきじゃないよね。

〈por mucho/más + que接続法〉

・〈por mucho/más + que接続法〉は、動詞を修飾する副詞muchoやmásを際立たせ、「どんなにたくさん～しても」を表現し、譲歩を表す副詞節です。

・この構文では「たくさん」の程度・数量がどのくらいであるか不定であり、仮定的内容を表すので、基本的に接続法を使います。

Por mucho que llueva mañana, jugaremos al fútbol.

明日どんなにたくさん雨が降ろうとも私たちはサッカーをします。

Por mucho que coma, mi hijo no engorda.

どんなに食べても、私の息子は太りません。

No te lo puedo decir por más que insistas.

どんなに君からしつこくせがまれても、私はそれを言うことはできません。

Por mucho que intentara convencerlo, él no cambió su opinión.

いくら説得しても彼は意見を変えませんでした。

・mucho の代わりに poco、más の代わりに menos を置いて〈por poco/menos + que 接続法〉の構文にすると、「どんなに少なく〜しても」を意味します。

Por poco que coma, él no baja de peso.

どんなに少ししか食べなくても、彼は体重が落ちません。

Por menos que estudiara, él siempre sacaba buenas notas en el examen.

彼はどんなに少ししか勉強しなくても、いつも試験で良い成績をとっていました。

・上記は、副詞の mucho/más または poco/menos を使う例ですが、形容詞としての mucho/más または poco/menos を使うと次の構文になり、「どんなにたくさんの／少しの〜でも」を表現します。

〈por mucho/más + 名詞 + que 接続法〉

〈por poco/menos + 名詞 + que 接続法〉

Por mucho frío que haga, mañana me levantaré temprano.

どんなに寒くても明日は早起きします。

Por más dinero que tengas, no siempre serás feliz.

いくらお金があっても幸福になるとは限りません。

Por poca comida que le quedara, ella siempre la compartía con todos.

どんなに少しの食べ物しか残っていなくても、彼女はいつも皆と分け合っていました。

Por menos esfuerzo que haga, siempre tiene éxito.

彼はどんなに少ししか努力しなくても、いつも成功します。

8.　必ずしも〜とは限らない

Los vestidos de nuestro gusto no siempre nos quedan bien.

好みの服が必ずしも似合うとは限らないから。

〈no siempre + 直説法〉

・「必ずしも〜とは限らない」を表現したい場合〈no siempre + 直説法〉を使います。

No siempre el más caro es el mejor.　一番高いのが良いとは限りません。

Desafortunadamente, este método no siempre funciona.

残念ながらこの方法は必ずしも機能するとは限りません。

El dinero no siempre sirve de mucho en las relaciones humanas.

人間関係においていつもお金が大いに役立つとは限りません。

La riqueza económica no siempre implica la felicidad.

経済的豊かさは必ずしも幸福を意味するとは限りません。

Los descubrimientos científicos no siempre hacen al mundo un mejor lugar.

科学上の発見は必ずしも世界をより良い場所にするとは限りません。

文法解説

1. siを使う非現実的条件文

（⇒『初級』Lec.30）

・条件文は「もし～ならば」という条件を表す条件節と「～だろう」等の結末の仮定を示す帰結節から構成されます。

・条件文には現実的条件文と非現実的条件文があります。

・現実的条件文：実現される可能性が大きいことを仮定する。

条件節	帰結節
si + 直説法（未来時制以外）	直説法、命令文

Si llueve mañana, estaré en casa.　もし明日雨なら私は家にいるでしょう。

Si necesita más información, no dude en ponerse en contacto con nosotros.
更に情報が必要な場合はお気軽にご連絡ください。

・ここでは非現実的条件文についておさらいしましょう。

非現実的条件文：仮定された条件が実現不可能（事実に反する）または実現がとても難しい。

1）現在の事実に反すること／実現の可能性が低いことを仮定する

条件節	帰結節
si + 接続法過去	直説法過去未来
	直説法過去未来完了

・「もし（現在）～だったら、（現在）～だろう」のように、条件節も帰結節も現在に言及している場合、帰結節に直説法過去未来を使います。

Si yo fuera él, no haría tal cosa.
もし私が彼だったらそんなことはしないだろうに。

Si tuviésemos un poco más de dinero, viajaríamos por todo el mundo.

もしもう少しお金があれば世界中を旅行するのだが。

Si pudieras viajar en el tiempo, ¿a qué año desearías ir?

もしタイムトラベルできるなら、君は何年に行きたい？

・会話中では「Si fuera para tu madre, ¿qué le comprarías?（君が自分のお母さんにあげるとしたら、何を買う？）」という表現が使われています。

・また、会話中の「¿Cuál comprarías tú?（君だったらどっちを買う？）」は、条件節の「Si fuera para tu madre（君のお母さんにだったら）」「En mi lugar（僕の立場だったら）」等が省略されていると理解できます。

・「もし（現在）～だったら、（あの時）～だっただろう」のように、条件節と帰結節に時間的ずれがあり、条件節で現在のこと、帰結節で過去のことに言及する場合、帰結節に直説法過去未来完了を使います。

Si fuera mi hijo, habría arriesgado mi vida para salvarlo.

もし彼が私の息子だったら私は命がけで助けたでしょう。

2）過去の事実に反することを仮定する

条件節	帰結節
si＋接続法過去完了	直説法過去未来完了
	直説法過去未来

・「もし（あの時）～だったら、（あの時）～だっただろう」のように、条件節も帰結節も過去に言及している場合、帰結節に直説法過去未来完了を使います。

Si yo no hubiera caído enfermo aquel día, habría podido viajar por España con vosotros.

もしあの日病気にならなかったなら、私は君たちとスペインを旅行できたでしょうに。

Si me hubiesen dado la beca en aquel entonces, habría podido ir a México.

もしあの時奨学金がもらえたなら、私はメキシコに行けたでしょう。

・「もし（あの時）～だったら、（今は）～だろう」のように、条件節で過去のこと、帰結節で現在のことを仮定する場合、帰結節では直説法過去未来を使います。

Si me hubiesen dado la beca en aquel entonces, ahora estaría en México.

もしあの時奨学金がもらえたなら、私は今頃メキシコにいるでしょうに。

Si no hubiéramos perdido el tren, ahora estaríamos en Kioto.

もし電車に乗り遅れなければ私たちは今頃京都にいるはずなのに。

練習問題

1. 日本語と同様の意味になるように（　　　）に適切な疑問詞を入れなさい。

1) 私はそれをどう言ったらいいか分かりません。
   No sé (　　　　　　　) decirlo.
2) 私はどのワインを選んだらいいか分かりませんでした。
   No sabía (　　　　　　　) vino escoger.
3) このお料理の食べ方を教えてください。
   Enséñeme (　　　　　　　) comer este plato.
4) 私たちは誰に質問していいか分かりません。
   No sabemos a (　　　　　　　) preguntar.
5) 買い物に出かけませんか？
   ¿ (　　　　　　　) no salimos de compras?

2. 日本語と同様の意味になるように（　　　）の動詞を適切な形に活用させなさい。

1) もし私がエレナなら彼とは結婚しないでしょうに。
   Si yo (ser) _____ Elena, no (casarse) _____ con él.
2) もし彼がここにいたら適切な助言をしてくれるでしょうに。
   Si él (estar) _____ aquí, (poder) _____ darnos un consejo apropiado.
3) もしあの日パーティーに行かなかったならカルメンと知り合わなかったでしょう。
   Si no (ir) _____ a la fiesta aquel día, no (conocer) _____ a Carmen.
4) もし水も空気もなかったら、私たちは一瞬たりとも生きていられないでしょう。
   Si no (haber) _____ agua ni aire, no (poder) _____ vivir ni un instante.

96

3. 日本語と同様の意味になるように下の選択肢から適切なものを選び（　　）に入れなさい。複数回使う選択肢や一度も使わない選択肢もある。

[algo / bien / bueno / cartera / corte / das / de / dinero / el / esperanza / la / le / lo / me / no / nos / pequeña / pequeño / qué / queda / te / tengo / viene]

1) お酒を少しくれない？
   ¿Me (　　　　　　) algo (　　　　　　) beber?
2) 私は財布にいくらかお金を持っています。
   (　　　　　　) algo de (　　　　　　) en la (　　　　　　).
3) 私たちはいくらか希望を持っています。
   Tenemos (　　　　　) de (　　　　　).
4) 私には何色が似合いますか？
   ¿ (　　　　　) color me (　　　　　) bien?
5) 青色がとてもよくお似合いです。
   (　　　　　) azul (　　　　　) queda muy (　　　　　).
6) その髪型、君に似合っているよ。
   Ese (　　　　　) de pelo (　　　　　) queda bien.
7) そのスカートは私には小さいです。
   (　　　　　) queda (　　　　　) la falda.
8) 今日は都合が悪いです。
   Hoy (　　　　　) me (　　　　　) bien.

4. スペイン語の音声を聴いて下線部に書き取りなさい。また、日本語に訳しなさい。　🔊 - 09

1) ＿＿＿＿＿＿＿＿＿＿＿＿＿＿＿＿＿＿＿＿, no te compraré tantos dulces.

2) ＿＿＿＿＿＿＿＿＿＿＿＿＿＿＿＿＿＿＿, no alcanzarás el autobús.

3) La vida＿＿＿＿＿＿＿＿＿＿＿＿＿＿＿＿＿＿＿.

4) Los descubrimientos científicos＿＿＿＿＿＿＿＿＿＿＿＿＿＿.

5) Los daños＿＿＿＿＿＿＿＿＿＿＿＿＿＿＿＿＿＿＿＿＿.

6) ¿_____?

7) —¿_____?

   —_____.

5. スペイン語に訳しなさい。

1) 私は父の誕生日に何をプレゼントしたらいいか分かりません。

   _____

2) そのネックレス、君にすごく似合ってる。

   _____

3) どんなに費用がかかろうと私たちはマチュピチュ（Machu Picchu）を訪
   れたいです。

   _____

4) どんなに暑くても私は夏が好きです。

   _____

5) 私はこのバッグをいただきます。

   _____

6) —このスカートは私には大きいです。
   —ではもう一つ小さいサイズをお持ちします。

   _____

7) 残念ながらこの方法がいつも機能するとは限りません。

   _____

8) 私がどんなにたくさんのお金を稼いでも、東京に家を買うのは不可能だろう。

   _____

表現

1. 〜のようだ／に思える

Me pareció que los vendían.

売られていたみたいだった。

2. 〜に似ている

Se parece mucho a la festividad de O-Bon que tenemos en Japón.

日本のお盆という行事にとても似ているよ。

3. 〜するつもり／予定だ

El Día de Muertos por la noche voy a ir al cementerio con mi familia.

私は死者の日の夜に家族と墓地に行く予定なんだ。

4. 〜に違いない

Deben de alegrarse de vernos a todos nosotros.

私たち全員を見てとても喜ぶに違いないわ。

5. 〜が怖い／怖くなる

¿Te da miedo ir al cementerio por la noche?

夜、墓地に行くのが怖いの？

6. 〜しないわけにはいかない

No puedo menos que aprovechar una oportunidad tan especial.

こんな特別なチャンスを活かさないわけにはいかないからね。

文法解説

1. 直説法現在完了の用法

¡Hoy he visto muchos objetos con forma de calavera en la calle!

今日、通りでどくろの形をした物をたくさん見たよ！

2. 受身の表現

Es conocida por su canción titulada *Recuérdame*.

『Recuérdame』っていう歌でよく知られているんだけど。

Conversación Día de Muertos 🔊 - 10

Kenta: ¡Hoy he visto muchos objetos con forma de calavera en la calle!
Me pareció que los vendían, pero ¿qué son?

Carmen: Se llaman calaveritas y son para el Día de Muertos. ¿Has visto
la película *Coco*?

Kenta: ¿*Coco*?

Carmen: Sí, es conocida por su canción titulada *Recuérdame*.

Kenta: Ah, ahora sí me acuerdo. En Japón la película se estrenó con el título
de *Remember me*.

Carmen: Se dice que la película se inspiró en la celebración mexicana del Día
de Muertos.

Kenta: Sí, es cierto. Recuerdo que el chico Miguel fue al mundo de los difuntos.
¿Y qué hacen con las calaveritas el Día de Muertos?

Carmen: El 1 y 2 de noviembre celebramos una festividad en honor de
los muertos y ponemos calaveritas en un altar junto con comidas,
bebidas y cosas que los difuntos disfrutaban en vida.

Kenta: Se parece mucho a la festividad de O-Bon que tenemos en Japón.
Se celebra también para honrar a los espíritus de los antepasados
fallecidos.

Carmen: ¡Qué interesante! Nuestra creencia popular dice que las almas de
los difuntos vuelven para visitar a sus seres queridos durante esta fiesta.

Kenta: Parece mentira que haya tanta similitud, pero en Japón también se cree
que los espíritus regresan a visitar a la familia. Hacemos ofrendas en
los altares budistas de las casas. Además de bebidas y comidas,
ponemos animales hechos de pepinos y berenjenas, que transportan a
los espíritus entre este mundo y el otro.

Carmen: ¿Cómo hacen los animales de pepinos y berenjenas?

Kenta: Se clavan cuatro palitos en pepinos y berenjenas, que sirven de patas.
El pepino representa el caballo, que corre rápido, porque queremos
que vuelvan rápido a este mundo. Y la berenjena, que simboliza
el buey, es para volver al otro mundo porque camina lento.

Carmen: Ay, son muy bonitos esos detalles. Aquí, decoramos también las tumbas con flores, que creemos que atraen y guían las almas de los muertos. El Día de Muertos por la noche voy a ir al cementerio con mi familia. ¿Quieres ir con nosotros?

Kenta: Sí, pero ¿a los difuntos no les molestaría que os acompañe?

Carmen: No, nunca. Deben de alegrarse de vernos a todos nosotros. ¿O te da miedo ir al cementerio por la noche?

Kenta: En realidad, me da un poco de miedo. Pero no puedo menos que aprovechar una oportunidad tan especial.

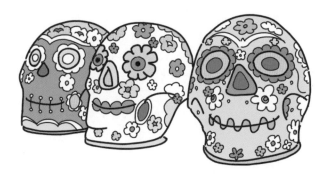

会話　死者の日

　　ケンタ：今日、通りでどくろの形をした物をたくさん見たよ！　売られていたみたい
　　　　　　だったけど、何なの？

カルメン：「calaveritas」といって死者の日のための物よ。『Coco』という映画を見たこ
　　　　　　とある？

　　ケンタ：ココ？

カルメン：うん、『Recuérdame』っていう歌でよく知られているんだけど。

　　ケンタ：ああ、分かった。日本ではその映画は『リメンバー・ミー』というタイトル
　　　　　　で上映されたんだ。

カルメン：その映画はメキシコの死者の日に着想を得たそうよ。

　　ケンタ：確かにそうだ。思い出したけどミゲルという男の子が死者の世界に行ったん
　　　　　　だよね。それで、死者の日にどくろで何をするの？

カルメン：11月1日、2日に死者をおまつりする祝祭なんだけど、食べ物、飲み物や故
　　　　　　人が好きだった物と一緒にそのどくろを祭壇に飾るのよ。

　　ケンタ：日本のお盆という行事にとても似ているよ。お盆も亡くなった先祖の霊をお
　　　　　　まつりするものなんだ。

カルメン：おもしろいね！　メキシコの民衆信仰では死者の日の間、故人の魂は愛する
　　　　　　人を訪ねて戻ってくると言われているの。

　　ケンタ：とても似ていて嘘みたいだけれど、日本でも霊が家族を訪ねて戻ってくると
　　　　　　考えられているんだ。家のお仏壇にお供え物をするよ。飲み物や食べ物のほ
　　　　　　かに、キュウリとナスで作った動物をお供えするんだ、この世とあの世の間
　　　　　　で霊を運んでくれるから。

カルメン：キュウリとナスでどうやって動物を作るの？

　　ケンタ：細い棒4本をキュウリとナスにさして脚にするんだ。キュウリは早く走る馬
　　　　　　を表すんだけど、それはこの世に早く戻ってこられるようにと願っているか
　　　　　　らなんだ。ナスは牛で、歩くのが遅いので、あの世にゆっくり戻るための物
　　　　　　なの。

カルメン：へー、とても細やかな心遣いだわ。ここではお墓を花で飾るの、故人の魂を
　　　　　　連れてきて導いてくれると思われているから。私は死者の日の夜に家族と墓
　　　　　　地に行く予定なんだ。一緒に行きたい？

　　ケンタ：うん、でも、僕が一緒に行って故人の霊は嫌な気がしないかな？

カルメン：絶対そんなことないよ。私たち全員を見てとても喜ぶに違いないわ。それとも、
　　　　　　夜、墓地に行くのが怖いの？

　　ケンタ：実は少し怖い。でもこんな特別なチャンスを活かさないわけにはいかないか
　　　　　　らね。

語彙リスト

会話

objeto	物体、事物
forma	形状
calavera	どくろ
calaverita	calaveraの縮小辞
Día de Muertos	死者の日
titulado	題のついた
inspirarse en 〜	〜から着想を得る、思いつく
celebración	開催
difunto	故人、死者
celebrar	祝う、開催する
festividad	祝日、行事
honor	名誉、栄誉
en honor de 〜	〜に敬意を表して、〜を記念して
altar	祭壇
espíritu	精神、霊魂
antepasado	先祖
fallecido	亡くなった
creencia	信仰
alma	魂
similitud	類似性
ofrenda	奉納（物）
budista	仏教の
pepino	キュウリ
berenjena	ナス
transportar	運ぶ、輸送する
clavar	打ち込む、刺す
palito	palo（棒）の縮小辞
simbolizar	象徴する
detalle	心遣い
decorar	飾る
tumba	墓
atraer	引きつける
guiar	案内する、導く
cementerio	墓地

表現

tejado	屋根
de la noche a la mañana	一夜にして
lente de contacto	コンタクトレンズ
asco	吐き気
pena	苦悩
risa	笑い
pereza	怠惰、不精
oscuridad	暗さ、闇
hospitalizado	入院中の
echarse a ＋不定詞	〜し始める

reconocer	認める、認識する	練習	
brindar	提供する	cumplir	（約束などを）守る
		grupo de trabajo	ワーキンググループ
文法解説		compromiso	約束
El ingenioso hidalgo	奇想驚くべき騎士	objeción	異論
Don Quijote	ドン・キホーテ・	a cambio	交換に
de la Mancha	デ・ラ・マンチャ	vínculo	つながり、絆、関連性
desastre	災害	mafia	マフィア
mayoría	大部分、大半	dimitir	辞任する
acuerdo	一致、協定	Alfonso IX	アルフォンソ9世
cooperación	協力	golpe de estado	クーデター
institución	組織、制度	a menudo	しばしば
abrir de par	（窓などを）いっぱいに	efímero	はかない、つかの間の
en par	開ける	océano	大洋
carta de	推薦状	banquete	晩餐会、宴会
recomendación		ministro, -tra de	外務大臣
dentro de poco	間もなく	Asuntos	
fantasma	幽霊	Exteriores	
plano	平らな		

表現

1. 〜のようだ／に思える

Me pareció que los vendían.
売られていたみたいだった。
〈parecer + que直説法／que接続法〉

・文法上の主語はque直説法／que接続法です。
　　Parece que va a llover.　雨が降りそうです。
　　Parece que Joaquín no puede venir.　ホアキンは来られないようです。
・〈(a + 人)間接目的格代名詞〉を置くと、「(人)に〜のように思われる」を意味します。
　　Nos parece que tú estudias demasiado.
　　私たちには君は勉強しすぎだと思えます。
　　A María le pareció que él era muy inteligente.
　　彼はとても頭が良いとマリアには思えました。
　　—Me parece que va a ganar Juan. ¿Quién te parece que va a ganar?
　　私はフアンが勝つと思う。君は誰が勝つと思う？
　　—A mí me parece que Carlos va a ganar.　私はカルロスが勝つと思うよ。
・否定など疑念が強い時はque接続法を使います。
　　No parece que llueva.　雨は降りそうにありません。
　　No me parece que tengas razón.　私には君の言い分が正しいとは思えない。
・似た構文〈parecer + 名詞／形容詞／副詞〉についてはLec.1表現3を参照してください。

2. 〜に似ている

Se parece mucho a la festividad de O-Bon que tenemos en Japón.
日本のお盆という行事にとても似ているよ。
〈parecerse + a + 名詞（人／事物）〉

・表現1「〜のようだ／に思える」で〈parecer + que直説法／que接続法〉の構文を見ましたが、再帰動詞parecerseは〈a + 名詞（人／事物）〉を置いて「〜に似ている」を意味します。
　　Miguel se parece mucho a su padre.　ミゲルは父親にそっくりだ。
　　No nos parecemos a nuestra madre.　私たちは母親に似ていません。

La forma del tejado se parece a la de una pirámide.

その屋根の形はピラミッドに似ています。

Elena se parece a una cantante famosa.

エレナはある有名な歌手に似ている。

・〈a＋名詞（人／事物）〉をつけず、主語を複数形にすると「お互いに似ている」を表します。

Los dos hermanos no se parecen nada.

二人の兄弟は（お互いに）全然似ていない。

Carla y Juana se parecen en el carácter.　カルラとフアナは性格が似ています。

3.　〜するつもり／予定だ

El Día de Muertos por la noche voy a ir al cementerio con mi familia.

私は死者の日の夜に家族と墓地に行く予定なんだ。

〈ir a ＋不定詞〉

・英語の be going to 〜に相当し、「〜するところである」「〜する予定である」を表します。（⇒『初級』Lec.9）

Hoy van a llegar mis amigas desde México.

今日メキシコから友人たちが到着します。

¿Vas a venir a mi casa esta tarde?　今日の午後私の家に来る？

Voy a perder cinco kilos antes de las vacaciones de verano.

私は夏休みまでに5キロやせるつもりです。

Iba a llamarle a usted ahora mismo.　ちょうどお電話するところでした。

・nosotros が主語の場合「〜しましょう」と誘う意味にもなります。

Vamos a ir al cine.　映画に行きましょう。

Vamos a comer.　食べましょう。

・意図や意志は次の構文でも表します。

1）pensar ＋不定詞：「〜しようと思う」「〜するつもり」

¿Qué piensas hacer mañana?　明日君は何をするつもり？

Mañana pienso ir al cine.　明日私は映画に行こうと思っている。

Pensamos viajar por Europa el año que viene.

私たちは来年ヨーロッパを旅行するつもりです。

2）tener la intención de + 不定詞：「〜する意図がある」

No tengo la intención de hacerme millonario de la noche a la mañana.

私は一晩で大金持ちになろうと思っている訳ではありません。

3）tener idea de + 不定詞：「〜する考えである」

Tenemos idea de partir a París el viernes por la tarde.

私たちは金曜日の午後パリへ発つつもりです。

4.　〜に違いない

Deben de alegrarse de vernos a todos nosotros.

私たち全員を見てとても喜ぶに違いないわ。

〈deber (de) + 不定詞〉

・〈deber + 不定詞〉は「〜すべきである」（義務）（⇒本書 Lec.9）と「〜に違いない」（推測）の両方の意味で使われます。
・推測を表す場合は、deber の後ろに前置詞 de を入れる方が適切だとされていますが、de を省略することも認められています。

　　　Mi madre debe de estar en casa a estas horas.

　　　私の母は今頃家にいるはずです。

　　　―Se me cayó un lente de contacto.　コンタクトレンズが落ちちゃった。

　　　―Vamos a buscarlo. Debe estar por aquí.

　　　探そう。この辺りにあるに違いない。

　　　Luisa debía de llegar a las cinco.　ルイサは5時に着くはずでした。

　　　La máquina funcionaba muy bien y no debió de ocurrir ese accidente.

　　　機械はとても調子が良かったので、その事故は起こるはずではなかった。

　　　Debió ser un golpe duro para él.

　　　彼にとっては大きな打撃に違いありませんでした。

・不定詞を完了形の〈haber + 過去分詞〉（複合不定詞）にすると「〜したはず」を表します。

　　　Carmen debe haber aprobado el examen porque parece muy contenta.

　　　カルメンはとてもうれしそうなので試験に合格したに違いありません。

・時制に注意して次の文を比較してみましょう。

1) deber（現在形）＋不定詞（単純形）＝「～するはずである」
   Carlos debe llegar a las ocho.　カルロスは8時に着くはずです。

2) deber（現在形）＋〈haber＋過去分詞〉＝「～したはずである」
   Carlos debe haber llegado a las ocho.　カルロスは8時に着いたはずです。

3) deber（過去形）＋不定詞（単純形）＝「～するはずだった」
   Carlos debía llegar a las ocho.　カルロスは8時に着くはずでした。

4) deber（過去形）＋〈haber＋過去分詞〉＝「～したはずだった」
   Carlos debía haber llegado a las ocho.
   カルロスは8時に着いたはずでした。

5.　～が怖い／怖くなる

¿Te da miedo ir al cementerio por la noche?
夜、墓地に行くのが怖いの？
〈(a＋人) 間接目的格代名詞＋dar＋直接目的語（感覚・感情）＋主語（名詞／不定詞／que接続法）〉

・直接目的語として以下のような感覚や感情を表す語句を置きます。
　　vergüenza（恥ずかしさ）、miedo（恐怖）、asco（吐き気）、
　　pena（苦悩）、risa（笑い）、envidia（嫉妬心）、pereza（怠惰、不精）
・「（主語）が（間接目的語）に（直接目的語：感覚・感情）を与える」という
　構文で、怖い、恥ずかしい等の感情を表現します。
・名詞／不定詞／que接続法が主語になります。
　　Me dan miedo los perros.　私は犬が怖いです。（←犬は私に恐怖を与える）
　　Me da pereza volver al trabajo después de las vacaciones.
　　私は休暇の後仕事に戻るのが億劫です。（←休暇の後仕事に戻ることは私
　　に怠惰な気持ちを与える。）
　　Me da pena que no me creas.　君が私を信じてくれなくてつらいです。
　　（←君が私を信じないことは私に苦悩を与える）
　　A María le daba miedo la oscuridad cuando era pequeña.
　　マリアは子どもの頃暗闇が怖かった。
　　¿No te da asco lo que hizo él?　君は彼がしたことにムカつかない？
　　Me da risa ver a Doraemon hablando un perfecto español.
　　ドラえもんが完璧なスペイン語を話しているのを見ると笑っちゃう。

Nos dio vergüenza decirlo. 　私たちはそれを言うのが恥ずかしかったです。

Me daba envidia su vida holgada.

私は彼の安楽な生活を羨ましく感じていました。

・動詞 dar のほか tener を用いて、〈tener ＋ 直接目的語（感覚・感情）＋ a ＋ 名詞／不定詞／que 接続法〉の構文でも感情や感覚を表すことができます。

・動詞 dar を使う場合は、感情や感覚を引き起こすものが主語ですが、動詞 tener を使う場合は、感情や感覚を覚える人が主語になります。

Tengo miedo a los perros.

私は犬が怖いです。（←私は犬への恐怖心を持っている）

Tengo miedo a perderte.

私は君を失うのが怖いです。（←私は君を失うことへの恐怖心を持っている）

Tenía miedo a morir.

私は死ぬのを恐れていました。（←私は死ぬことへの恐怖心を持っていた）

Tengo miendo a que me dejes. 　私は君が私を捨てるのではと恐れている。

6.　〜しないわけにはいかない

No puedo menos que aprovechar una oportunidad tan especial.

こんな特別なチャンスを活かさないわけにはいかないからね。

〈no poder (por) menos de/que ＋ 不定詞〉

・「〜しないわけにはいかない」「〜せざるを得ない」といった意味を表します。

・por はつけてもつけなくても良く、menos の後ろには de または que のいずれかを置きます。

No puedo menos que visitar el Museo del Prado antes de volver a Japón.

私は日本に帰る前にプラド美術館を訪れないわけにはいきません。

No pude por menos de visitar a mi abuelo que estaba hospitalizado.

私は入院中の祖父を見舞わないわけにはいきませんでした。

No pude menos que echarme a reír al oír su chiste.

彼の笑い話を聞いて私は笑い出さないわけにはいきませんでした。

No puedes por menos de reconocer que tú estabas en un error.

君は自分が間違っていたことを認めざるを得ないよ。

No puedo menos que agradecerte por toda la ayuda que me brindaste.

君が私にしてくれた支援には感謝せざるを得ません。

文法解説

1. 直説法現在完了の用法

〈haber ＋ 過去分詞〉（⇒『初級』Lec.16）

1）「〜したことがある」という経験を表します。

　　—¿Habéis leído la novela titulada *El ingenioso hidalgo Don Quijote de la Mancha*?

　　君たちは『奇想驚くべき騎士ドン・キホーテ・デ・ラ・マンチャ』を読んだことがありますか？

　　—No, pero hemos oído el título.

　　いいえ、でもタイトルは聞いたことがあります。

　　—¿Has estado alguna vez en México?　メキシコに行ったことある？

　　—No, no he estado allí nunca.　いいえ、一度も行ったことがない。

・「行ったことがある」という経験を表す時、estar en と ir a の2通りの表現があります。

　　ir a は、行った回数が少数である場合に使うことができるという制限がありますが、最近はその制限が弱くなっており、estar en と同じように使うことが多くなっています。

　　He estado una vez en España.　私は一度スペインに行ったことがあります。

　　He ido muchas veces a Barcelona.

　　私は何度もバルセロナに行ったことがあります。

・会話では次の表現が使われています。

　　¿Has visto la película *Coco*?　『Coco』という映画を見たことある？

2）現在の時点「今」を含む時間帯に起こった出来事・行為・状態を表します。

・今日、今週、今年のようにいろいろな長さの時間帯があります。

　　¿A qué hora te has levantado hoy?　今日は何時に起きた？

　　Esta semana hemos tenido mucho trabajo.

　　今週私たちはたくさん仕事がありました。

　　Este año han ocurrido varios desastres naturales.

　　今年は多くの自然災害が起こりました。

・昨日、先月のように現時点を含まない過去の行為・出来事は点過去で表現します。

Ayer estuve en casa.　昨日私は家にいました。

El mes pasado llovió mucho, pero este mes ha llovido poco.

先月はたくさん雨が降りましたが、今月はほとんど降りませんでした。

・会話では次の表現が使われています。

¡Hoy he visto muchos objetos con forma de calavera en la calle!

今日、通りでどくろの形をした物をたくさん見たよ！

3）2）では「今」を含む時間帯に起こった出来事について説明しましたが、
過去の時点の出来事・行為・状態についても直説法現在完了で述べること
ができます。その場合の点過去との違いは以下の点にあります。

・現在完了は現在につながることとして過去の出来事を表し、過去の出来事の
結果が現在に及んでいるという意識を表します。

点過去は現在と切り離されたこととして過去の出来事を表し、既に過ぎ去っ
たこととして過去の出来事を表します。

He olvidado traer mi diccionario.

私は自分の辞書を持ってくるのを忘れました。

（その結果が現在に及んで「今、辞書を持っていない」ことを想起させます。）

Olvidé traer mi diccionario.　私は自分の辞書を持ってくるのを忘れました。

（過去の過ぎ去った行為として「忘れた」を表します。）

・現在完了が近い過去を表し、点過去が遠い過去を表すイメージを持ちます。

Ya he terminado el trabajo.

仕事はもう終わりました。（終わったところである）

Ya terminé el trabajo.　仕事はもう終わりました。（結構前に終わった）

・現在完了は、ayer（昨日）やel año pasado（昨年）のように明確に完結した
過去の時を表す副詞とともに使うことはありません。そのような副詞は点過
去とともに使うのが自然です。

Ayer jugué al tenis con mis amigos.　昨日友人たちとテニスをした。

× Ayer he jugado al tenis con mis amigos.

El año pasado viajé por Italia.　昨年イタリアを旅した。

× El año pasado he viajado por Italia.

2. 受身の表現

・受身（受動態）の文は、主語が対象から働きかけられることを表します。

・次の4種類の形があります。

1）serの受動態：ser + 過去分詞 + por + 行為者　（⇒『初級』Lec.16）

・過去分詞は主語の性・数に一致させます。

・行為者はporで表すことができますが、省略することもできます。

・口語ではあまり使われません。

> El *Guernica* fue pintado por Picasso.
> 『ゲルニカ』はピカソによって描かれました。
>
> El proyecto de ley ha sido aprobado por la mayoría de los diputados.
> 法案は大多数の議員によって承認されました。
>
> Los terroristas fueron detenidos por la policía.
> テロリストたちは警官に逮捕されました。
>
> La iglesia fue construida en el siglo XI.
> その教会は11世紀に建てられました。
>
> El acuerdo de cooperación será firmado por los representantes de ambas instituciones.
> 協力協定は両機関の代表者によって調印されるでしょう。

・会話では次の表現が使われています。

> Es conocida por su canción titulada *Recuérdame*.
> 『Recuérdame』っていう歌でよく知られているんだけど。

2）状態の受動態：estar + 過去分詞

・何らかの行為を受けた後の状態を表し、過去分詞は主語の性・数に一致させます。

・通常〈por + 行為者〉の句を置くことはできません。

・口語でも文語でもよく使われます。

> Las calaveritas están hechas de azúcar.　どくろは砂糖でできています。
> Todas las ventanas estaban abiertas de par en par.
> すべての窓はいっぱいに開けられていました。
> La carta de recomendación ya está escrita.　推薦状はもう書いてあります。

3）再帰受動態：se + 他動詞の三人称単数形／複数形

・受身の主語は事物のみで、人間が主語になることはないのでseしか用いません。

・動詞は主語に従って、三人称単数形または三人称複数形が用いられます。

・通常〈por ＋ 行為者〉の句を置くことはできません。

　　Se construyó una escuela en el pueblo.　村に学校が一つ建てられました。

　　Se construyeron dos escuelas en el pueblo.

　　村に学校が二つ建てられました。

　　Ese problema se resolverá dentro de poco.

　　その問題は間もなく解決されるでしょう。

・掲示や広告でもよく使われる表現です。

　　Se buscan empleados.　従業員募集中。

　　Se compran coches usados.　中古車買い取ります。

・会話では次の表現が使われています。

　　En Japón la película se estrenó con el título de *Remember me*.

　　日本ではその映画は『リメンバー・ミー』というタイトルで上映されたんだ。

4）無人称受動態：se ＋ 他動詞の三人称単数形

・無人称の受動態の文は、「〜だそうだ」「〜と言われている」のように、行為者が不明・不定・無関心などである時に使われます。

・〈por ＋ 行為者〉の句を置くことはできません。

　　Se dice que los precios de la gasolina van a subir.

　　ガソリンの値段が上がると言われています。

　　Se dice que van a construir un puente por aquí.

　　この辺りに橋が架かるそうです。

・que、cuándo、cómo などによって導かれる節が主語と見なされます。

　　Se dice que esas máquinas son difíciles de operar.

　　それらの機械は操作が難しいと言われています。

　　Se dice que las flores atraen y guían las almas de los muertos.

　　花が故人の魂を連れてきて導いてくれるそうです。

　　Se cree que existen fantasmas en este bosque.

　　この森には幽霊がいると信じられています。

　　Se creía que la Tierra era plana.　地球は平らだと信じられていました。

　　No se sabe cuándo comienza de nuevo el festival.

　　いつまたそのフェスティバルが始まるか分かりません。（知られていません）

　　No se sabe cómo entraron los ladrones.

　　泥棒がどのように入ったのか分かっていません。

Ya se sabe por qué construyeron las pirámides en ese lugar.

その場所にどうしてピラミッドが建てられたのかは既に解明されています。

・会話では次の表現が使われています。

Se dice que la película se inspiró en la celebración mexicana del Día de
Muertos.

その映画はメキシコの死者の日に着想を得たそうよ。

En Japón también se cree que los espíritus regresan a visitar a la familia.

日本でも霊が家族を訪ねて戻ってくると考えられているんだ。

練習問題

1. 日本語と同様の意味になるように下の選択肢から適切なものを選び（　　）
に入れなさい。一度も使わない選択肢もある。

[a / en / había / haces / hagas / me / mentira / necesitas / necesites / parece /
parecen / pareció / parezco / se / te / tenga / tiene / tomado]

1) 君が私にこんな事をするなんて信じられない。

Me (　　　　　　　) increíble que me (　　　　　　　) esto.

2) フアナが90歳だなんて嘘のようだ。

Parece (　　　　　　) que Juana (　　　　　　　) 90 años.

3) 君は休憩が必要だと私には思える。

(　　　　　　　) parece que (　　　　　　　) un descanso.

4) 私たちにはカルロスが飲みすぎたように見えた。

Nos (　　　　　　) que Carlos (　　　　　) (　　　　　　) demasiado.

5) —君はお兄さんに似ているの？　—いいえ、兄に似ていない。

—¿ (　　　　　　) pareces (　　　　　　) tu hermano?

—No, no me (　　　　　) a mi hermano.

6) 彼らは外見はとても似ているが、性格は全く違う。

Ellos (　　　　　) (　　　　　　) mucho (　　　　　　) aspecto, pero
son completamente diferentes en carácter.

2. 日本語と同様の意味になるように下の選択肢から適切なものを選び（　　）
に入れなさい。

[a / cumplir / de / idea / intención / participar / pienso / por / tenemos / voy]

1) 私は来月スペインを旅行するつもりです。

(　　　　　) (　　　　　　　) viajar por España el próximo mes.

2) 私は来月スペインを旅行するつもりです。

(　　　　　) viajar (　　　　　　) España el próximo mes.

3) 私たちはその目標を達成するためにワーキンググループを結成するつもり
です。

(　　　　　　) la intención (　　　　　　) crear un grupo de trabajo para
lograr ese objetivo.

Lección

6

4) 私は約束をすべて守るつもりです。

Tengo la (　　　　　　) de (　　　　　　　) todos mis compromisos.

5) 私はそのミーティングに参加するつもりはありません。

No tengo (　　　　　) de (　　　　　) en la reunión.

3. 日本語と同様の意味になるように下の選択肢から適切なものを選び（　）に入れなさい。複数回使う選択肢や一度も使わない選択肢もある。

[debe / debía / estar / haber estado / haber llegado / haber salido / llegar / recibirme / salir]

1) 飛行機は10時頃到着するはずです。

El avión (　　　　　) (　　　　　　) alrededor de las diez.

2) ミゲルは試験に合格して満足に違いありません。

Miguel ha aprobado el examen y (　　　　　　) (　　　　　　) contento.

3) 私の息子は電話に出ません。出かけたに違いありません。

Mi hijo no contesta al teléfono. (　　　　　) (　　　　　).

4) 友人は私を空港で出迎えるはずでしたが、そこにはいませんでした。

Mi amigo (　　　　　) (　　　　　　) en el aeropuerto, pero aún no estaba allí.

4. 日本語に訳しなさい。

1) No podemos por menos de celebrar el éxito que has tenido.

_____

2) No podemos por menos de hacer una objeción a esa propuesta.

_____

3) No pude menos que echarme a reír al oír sus palabras.

_____

4) El Sr. Torres no pudo menos que agradecer a quienes le habían dado su ayuda sin pedir nada a cambio.

_____

5) Cuando salieron a la luz sus vínculos con la mafia, el presidente no pudo menos que dimitir.

_____

5. 日本語と同様の意味になるように（　　）の動詞を適切な形に活用させなさい。

1) 先週私たちはたくさん宿題がありました。
   La samana pasada (tener) _____ mucha tarea.
2) 今週も私たちはたくさん宿題がありました。
   Esta semana también (tener) _____ mucha tarea.
3) 昨年はたくさん雪が降りました。
   El año pasado (nevar) _____ mucho.
4) この冬はほとんど雪が降りませんでした。
   Este invierno (nevar) _____ poco.
5) 私は昨日7時に起きました。
   Ayer (levantarse) _____ a las siete.
6) 私は今朝6時半に起きました。
   Esta mañana (levantarse) _____ a las seis y media.

6. 日本語と同様の意味になるように（　　）の動詞を適切な形に活用させなさい。

1) ―君はピカソの『ゲルニカ』を見たことがある？
   ―¿(ver) _____ el *Guernica* de Picasso?
   ―いいえ一度もない。
   ―No, no lo (ver) _____ nunca.
2) ―君たちはタコスを食べたことある？
   ―¿(comer) _____ tacos?
   ―はい、東京のレストランで食べました。
   ―Sí, los (comer) _____ en un restaurante en Tokio.
3) ―あなたはマルガリータを飲んだことがありますか？
   ―¿(tomar) _____ usted margaritas?
   ―いいえ、でもテキーラは飲んだことがあります。
   ―No, pero (tomar) _____ tequila.

7. スペイン語の音声を聴いて下線部に書き取りなさい。また、日本語に訳しなさい。　🔊-**11**

1) La _____ de Salamanca _____ en el siglo XIII _____ Alfonso IX.

2) Esta _____ en el siglo XIII.

3) En esta tienda _____ ropa usada.

4) _____ que _____ un golpe de estado en ese país.

5) A menudo _____ que la _____ es efímera.

8. スペイン語に訳しなさい。

1) ―今日の午後君は何をするつもり？
　 ―私はスペイン語を勉強しようと思っている。
　 _____

2) 私は冬に早起きするのが億劫です。
　 _____

3) 私は母に真実を言わざるを得ませんでした。
　 _____

4) 7は縁起の良い数だと言われています。
　 _____

5) 地球に大洋は一つしかないと思われていました。
　 _____

6) スペインの外務大臣に敬意を表して晩餐会が開かれました。
　 _____

7) この橋は木でできています。

　 _____

Lección 7

表現

1. **〜してある**

   Ya los tengo pensados.　もう考えてあるわ。

2. **〜する度に**

   Cada vez que mi padre me preguntaba mis propósitos para el año nuevo, le contestaba que iba a ponerme a dieta.

   父が新年の目標を聞く度にダイエットすることって答えていたんだ。

3. **〜かもしれない**

   Tal vez pase la Nochevieja con unos amigos de la clase de español.

   大晦日はスペイン語のクラスの友人と過ごすかもしれない。

4. **気が合う**

   Me caen bien.　気が合う人たちなの。

5. **どんなに〜でも**

   Por muy sabrosos que sean, no deberías comerlos.

   どんなにおいしいデザートでも食べたらいけないわね。

6. **〜ほど…な物はない**

   No hay nada más rico que los postres que prepara mi madre.

   母が作るデザートほどおいしい物はない。

文法解説

1. **接続法を用いる成句的副詞節**

   Estos kilitos de más los tengo que perder sea como sea.

   何しろこの余分な数キロを落とさなくちゃ。

   Vayamos o no a la Puerta del Sol, nos traerá buena suerte para el año que viene si conseguimos acabarlas todas.

   太陽の門に行っても行かなくても、ちゃんと全部食べたら新年に幸運が訪れる。

Conversación   Nochevieja 🔊)) - **12**

Juan: Mei, ¿has pensado ya en tus propósitos para el año nuevo?

Mei: Sí, ya los tengo pensados. Uno de mis objetivos es perfeccionar mi español. ¿Y tú?

Juan: De hecho, ya tengo una lista de cosas que quiero hacer.

Mei: Ah, ¿sí? ¿Me los enseñas? ¿O es secreto?

Juan: Pues, primero voy a ponerme a régimen porque quiero bajar de peso.

Mei: Si no recuerdo mal, tu padre me ha comentado que repites lo mismo cada diciembre.

Juan: Sí, es cierto. Cada vez que mi padre me preguntaba mis propósitos para el año nuevo, le contestaba que iba a ponerme a dieta. Pero esta vez lo digo en serio. Estos kilitos de más los tengo que perder sea como sea.

Mei: Vale, vale. Esperemos que se convierta en realidad.

Juan: ¿Y con quién vas a recibir el año nuevo?

Mei: Tal vez pase la Nochevieja con unos amigos de la clase de español, que me caen bien. Pero todavía no lo he decidido.

Juan: Ah vale. Es que te iba a invitar a casa para pasar la Nochevieja juntos.

Mei: Ay, muchas gracias.

Juan: Sí, en mi casa van a preparar un montón de platos y postres muy típicos por estas fechas y quería que los probaras.

Mei: Muchísimas gracias. Pero ¿no tenéis que ir a la Puerta del Sol? He leído que en España una de las tradiciones más importantes de Nochevieja es comer las uvas al son de las campanadas.

Juan: Sí. Según la tradición tenemos que comer doce uvas, una por cada campanada. Pero no es necesario ir hasta la Puerta del Sol. Para que todo el mundo pueda comer las uvas a tiempo, transmiten las doce campanadas en la Puerta del Sol en varios canales de televisión. En mi casa preferimos estar en casa y comer las uvas viendo las campanadas en la tele a estar allí con mucha gente. Vayamos o no a la Puerta del Sol, nos traerá buena suerte para el año que viene si conseguimos acabarlas todas.

Mei: Muy bien. Así, comeremos bien las uvas. Pero ahora que lo pienso,
    ¿no dijiste que te ibas a poner a dieta? Los postres españoles tienen
    muchas calorías. Por muy sabrosos que sean, no deberías comerlos.
Juan: Lo dices en broma, ¿verdad? Además, ¡yo dije que empezaría el próximo
    año!
Mei: Vale, sí, sí. Ya veo que lo de la dieta va muy en serio.
Juan: No digas tonterías. Pronto sabrás que no hay nada más rico que
    los postres que prepara mi madre. Bueno, ¡nos vemos en Nochevieja!

会話　大晦日

フアン：メイ、新年の目標はもう考えた？

　メイ：ええ、もう考えてあるわ。目標の一つはスペイン語をもっと完璧にすることなの。あなたは？

フアン：実際もうやりたいことをリストアップしてあるんだ。

　メイ：あっそうなの？　教えてくれる？　それとも秘密？

フアン：あのね、まずは体重を減らしたいからダイエットをする。

　メイ：記憶違いでなければ、あなたのお父さんが、あなたは毎年12月に同じことを言うって言ってたわよ。

フアン：うん、その通り。父が新年の目標を聞く度にダイエットすることって答えていたんだ。でも今度は本気で言っているんだよ。何しろこの余分な数キロを落とさなくちゃ。

　メイ：分かった、分かった。実現することを期待しましょう。

フアン：それで新年は誰と迎えるの？

　メイ：大晦日はスペイン語のクラスの友人と過ごすかもしれない。気が合う人たちなの。でもまだ決めていないわ。

フアン：分かった。というのは僕の家で一緒に大晦日を過ごそうって誘うつもりだったんだ。

　メイ：わあ、どうもありがとう。

フアン：うん、家ではこの時期の特別な料理やデザートをたくさん作るんだ、それで食べてもらいたいと思って。

　メイ：どうもありがとう。でも太陽の門には行かなくていいの？　スペインの大晦日の重要な伝統の一つは時計の鐘に合わせてぶどうを食べることだって読んだことがあるけど。

フアン：そうだよ。慣習では、鐘の音が鳴る度に1粒、全部で12粒のぶどうを食べなくちゃいけないんだ。でも太陽の門まで行く必要はないよ。皆が時間通りにぶどうを食べられるようにいろんなチャンネルで太陽の門の鐘の様子が中継されるんだ。僕の家ではみんな、人が大勢いるところに行くよりも、家にいてテレビで鐘を見ながらぶどうを食べる方が好きなんだ。太陽の門に行っても行かなくても、ちゃんと全部食べたら新年に幸運が訪れる。

　メイ：了解。そうすればちゃんとぶどうを食べられるしね。でも、ちょっと考えたんだけど、ダイエットするって言わなかった？　スペインのデザートはカロリーがとても高いのよ。どんなにおいしいデザートでも食べたらいけないわね。

フアン：冗談で言っているんだよね。それに、始めるのは来年だって言ったよね。

　メイ：ああ、はいはい。ダイエットのこと、すごく真剣だって分かるわ。

フアン：ふざけないで。母が作るデザートほどおいしい物はないってことがすぐ分かるよ。じゃあ、大晦日に会おうね！

語彙リスト

会話

propósito	目的
año nuevo	新年
de hecho	現に、事実
régimen	ダイエット、体制
en serio	本気で

* en serio をいろいろな動詞と組み合わせて「本気で～する」を表現できます。

decir en serio	本気で言う
tomarse en serio	本気にする

*「冗談で～する」は「en broma」で表します。

decir en broma	冗談で言う
Lo dije en broma.	冗談で言ったんだ。

kilito	kilo（kilogramo の縮小形）の縮小辞
de más	余分に
Nochevieja	大晦日
montón	山積み、多量
Puerta del Sol	太陽の門
son	音
campanada	鐘の音
transmitir	放送する
preferir A a B	B よりも A を好む
caloría	カロリー
tontería	愚かさ、愚かな言動

表現

analizar	分析する

encuesta	アンケート
acceder	（インターネットなどに）アクセスする
calma	冷静さ、落ち着き
gratis	無料の
puesto	役職、（職の）ポスト
valiente	勇敢な

文法解説

desafortunado	不幸な
costar	（犠牲などを）要する
intoxicarse	中毒になる
asistir	出席する

練習

sorpresa	サプライズ、驚き
planear	計画する
almacenar	蓄積する
colesterol	コレステロール
programar	計画を立てる
cubrir	（距離を）進む
trayecto	道のり、行程
vencer	克服する
desafío	課題、挑戦
competente	有能な
esforzarse	努力する

tremendo	途方もない	nuclear	核の
cansancio	疲労	francamente	率直に言って

表現

1. 〜してある

Ya los tengo pensados.

もう考えてあるわ。

〈tener＋過去分詞＋直接目的語〉

・「〜してある」という意味で、ある行為が完了した状態（完了した結果が継続していること）を示します。

 Tengo pensados los propósitos para el año nuevo.

 私は新年の目標を考えてあります。

 ¿Ya tienes comprado un regalo de Navidad para tu hijo?

 もう子どものクリスマスプレゼントは買ってあるの？

・会話中では直接目的語は目的格代名詞（los）で表されているので動詞（tengo）の前に置かれています。

 Ya tengo pensados mis propósitos para el año nuevo.

 → Ya los tengo pensados.

・過去分詞と直接目的語の性・数は一致します。

 Tengo reservado un vuelo. 私はフライトを予約してあります。

 Tengo reservada una habitación en este hotel.

 私はこのホテルの部屋を1室予約してあります。

 Tengo reservadas dos habitaciones en este hotel.

 私はこのホテルの部屋を2室予約してあります。

 Tengo reservados tres asientos en ese teatro.

 私はこの劇場の席を3席予約してあります。

・直説法現在完了形でも同様の意味を表現できますが、〈tener + 過去分詞 + 直接目的語〉の方が完了後の状態を強調します。

　Tenemos analizados los resultados de la encuesta.
　私たちはアンケートの結果を分析してあります。
　Hemos analizado los resultados de la encuesta.
　私たちはアンケートの結果を分析しました。

2.　〜する度に

Cada vez que mi padre me preguntaba mis propósitos para el año nuevo,
le contestaba que iba a ponerme a dieta.
父が新年の目標を聞く度にダイエットすることって答えていたんだ。
〈cada vez + que直説法／que接続法〉

・「〜する度に」は〈cada vez + que直説法／que接続法〉で表すことができます。
・直説法と接続法の使い分けの原則は、ほかの「時」を示す接続詞と同様、過去の事柄や習慣的なことを述べる場合は直説法、未来の事柄を述べる場合は接続法を使います。

　Cada vez que iba a Madrid, visitaba el Museo del Prado.
　私はマドリードに行く度に、プラド美術館を訪れていました。
　Ella cada vez que sale, deja la puerta abierta.
　彼女はいつもドアを開け放しにしたまま出かけます。
　Me río cada vez que leo esta novela.
　私はこの小説を読む度に笑ってしまいます。
　Llámame cada vez que me necesites.　私が必要な時は電話しなさい。
　Le recomendamos que trate con cuidado sus datos personales cada vez que acceda a internet.
　インターネットに接続する際は毎回個人情報の扱いに注意するようお勧めします。
　Pregúntenme cada vez que no entiendan lo que digo.
　私の言うことが分からない場合は都度質問してください。

3.　〜かもしれない

Tal vez pase la Nochevieja con unos amigos de la clase de español.

大晦日はスペイン語のクラスの友人と過ごすかもしれない。

〈tal vez/quizá/acaso/probablemente ＋接続法／直説法〉

- 「たぶん」「おそらく」を意味する tal vez、quizá、acaso、probablemente などの副詞を用いて話し手の疑惑を表すことができます。
- 現在および未来に関する疑惑は、接続法現在を用います。過去に関する疑惑には接続法過去または接続法現在完了を用います。

　　Probablemente Marta no llegue a tiempo.

　　たぶんマルタは時間通りには来ません。

　　Tal vez fuera verdad lo que dijo Pedro.

　　ペドロの言ったことはたぶん本当だったのでしょう。

　　Acaso ellos hayan reservado el vuelo.

　　たぶん彼らはフライトを予約したのでしょう。

- 副詞に導かれる動詞が接続法の場合、疑惑の副詞は動詞の前に置きます。

　　Quizá conozcas a ese abogado.　　たぶん君はその弁護士を知っているだろう。

　　× Conozcas quizá a ese abogado.

- 疑いの程度が低い場合は直説法を使います。その場合、疑惑の副詞は動詞の前にも後ろにも置くことができます。

　　Quizá conoces a ese abogado.　　たぶん君はその弁護士を知っているよ。

　　Conoces quizá a ese abogado.

4.　気が合う

Me caen bien.

気が合う人たちなの。

〈(a ＋人）間接目的格代名詞 ＋ caer bien〉

- 「〜に気に入る」「気が合う」「相性が良い」を表します。

　　Nos cae bien Pedro.　　ペドロは私たちと馬が合います。

　　No me cae bien Antonio.　　私はアントニオと馬が合いません。

　　A Juana le cayó bien Pedro.　　ペドロはフアナに気に入られました。

126

・人のほか事柄を主語にすることもできます。

　　—¿Por qué estás enojado con Pedro?　なぜペドロに怒っているの？

　　—Pues, no me cayó bien lo que dijo en la fiesta.

　　パーティーで彼が言ったことがどうも気に食わないんだ。

・bien の代わりに mal を置くと反対の意味の「気に入らない」「相性が悪い」
　を表します。

　　Me cae mal el nuevo jefe.　私は今度の上司とは相性が悪いです。

　　El plato me cayó mal.　その料理は私の体に合いませんでした。

5.　どんなに～でも

Por muy sabrosos que sean, no deberías comerlos.
どんなにおいしいデザートでも食べたらいけないわね。
〈por muy + 形容詞／副詞 + que 接続法〉

Lección

7

・「どんなにたくさん～しても」〈por mucho/más + que 接続法〉や「どんなに
　たくさんの～でも」〈por mucho/más + 名詞 + que 接続法〉と同様の強調構文
　の仲間です。(⇒本書 Lec.5)

・この構文を使って形容詞／副詞を際立たせることができます。

・基本的に接続法を使います。

　　Por muy rico que se sea, no se puede comprar la felicidad.

　　どんなにお金持ちだとしても、幸福を買うことはできません。

　　Por muy atractivo que parezca, no debes confiar en él.

　　どんなに魅力的に見えても彼を信用してはいけません。

　　Por muy enfadada que estuviera, Luisa no perdió la calma.

　　ルイサはどんなに腹が立っても、冷静さを失いませんでした。

　　Por muy bien que juegue al béisbol, mi hijo no podrá ser jugador
　　profesional.

　　私の息子はいくら野球が上手でも、プロの選手にはなれないでしょう。

　　Por muy tarde que llegues, te estaré esperando aquí.

　　どんなに遅くなるとしても、私はここで君を待っているでしょう。

6.　〜ほど…な物はない

No hay nada más rico que los postres que prepara mi madre.

母が作るデザートほどおいしい物はない。

〈no hay + 否定語 + 形容詞比較級 + que〉

〈no hay + 否定語 + tan + 形容詞 + como〉

・「〜ほど…な物／事／人はない」という比較の概念は、否定語（nada、nadie、ningún など）と比較級を組み合わせて表します。上のいずれの構文でも同じ意味になります。

> No hay nada más importante que la familia.
> No hay nada tan importante como la familia.
> 家族ほど重要な物はありません。
> No hay nada más caro que lo gratis.　ただより高い物はありません。
> No hay nada mejor que un vaso de agua cuando tenemos mucha sed.
> 喉が渇いている時はコップ1杯の水に勝る物はありません。
> No hay nadie tan apropiado como ella para este puesto.
> この役職に彼女ほど適切な人はいません。
> No hay nada tan duro como caer enfermo en el extranjero.
> 外国で病気になるほど辛いことはありません。
> No había ningún alumno tan inteligente como ella en la escuela.
> 学校で彼女ほど頭の良い生徒は誰もいませんでした。

・haber 以外の動詞を使うこともできます。

> No conozco a nadie tan valiente como él.
> 私は彼ほど勇敢な人を知りません。
> No hemos visto ningún paisaje más hermoso que el salar de Uyuni.
> 私たちはウユニ塩湖ほど美しい風景を見たことがありません。

文法解説

1. 接続法を用いる成句的副詞節

慣用的な副詞節において接続法が用いられる表現を確認しましょう。

1）「どんなやり方でも」「とにかく」
〈接続法＋関係詞＋接続法〉
・会話中の「何しろこの余分な数キロを落とさなくちゃ。」は、この副詞節を用いて「Estos kilitos de más los tengo que perder sea como sea.」というスペイン語で表現しています。副詞節の構造を確認しましょう。
・接続法を繰り返して譲歩を表現し、同じ動詞を関係詞の前後に使用します。

Sea como sea, mañana tengo que ir a Madrid.
とにかく私は明日マドリードへ行かなければなりません。
Sea como sea, tenemos que ganar el partido.
何しろ私たちは試合に勝たなければなりません。

・関係詞は意味に応じて適切なものを選択し、様々な譲歩の意味を表現できます。次の用例で関係詞の使い方を確認しましょう。

Digan lo que digan, no me importa. 人が何を言おうと、私は構いません。
Pase lo que pase, no me muevo de aquí.
何が起ころうとも、私はここから動きません。
Sea lo que sea, ella es desafortunada. 何であれ彼女は不幸です。
Cueste lo que cueste, los dos países deben firmar el tratado de paz.
どんなに犠牲を払っても、両国は平和条約を締結するべきです。
Hay que ganar el partido sea como sea.
どんなやり方にせよ試合に勝たなければなりません。
Venga quien venga, no abras la puerta. 誰が来ようとドアを開けるな。
Vaya adonde vaya, la acompaño a usted.
あなたがどこに行こうと，私はあなたについていきます。
Sea cual sea el idioma, no se puede adelantar en él sin práctica.
言語が何であろうと、練習しなくては上達しません。
Vengas cuando vengas, te recibiré con mucho gusto.
いつ来ても私は君を喜んで迎えるよ。

・過去に言及する場合は接続法を過去形にします。

Lo busqué por toda la casa para encontrarlo, estuviera donde estuviera.

どこにあろうと、それを見つけるために私は家中を探しました。

(←Lo buscaré por toda la casa para encontrarlo, esté donde esté.

どこにあろうと、それを見つけるために私は家中を探します。)

No sé qué comí, pero fuera lo que fuera, me intoxiqué.

何を食べたか覚えていないが、何であろうと、私は食あたりしました。

2）「〜しようとしまいと」

〈接続法＋o no＋接続法〉

・同じ動詞を肯定形と否定形で使って、譲歩を表現します。

Quieras o no quieras, tendrás que ir.

君は好むと好まざるとにかかわらず行かなければいけないよ。

Venga o no venga, yo asistiré a la reunión.

彼が来ても来なくても、私は会合に出席します。

Vayamos o no vayamos a la fiesta, Carlos lo pasará bien.

私たちがパーティーに行っても行かなくてもカルロスは楽しく過ごすでしょう。

・後ろの動詞は省略することができます。

Quieras o no quieras, debes hacerlo. = Quieras o no, debes hacerlo.

好むと好まざるとにかかわらず、君はそれをしなくてはなりません。

Llueva o no, mañana vamos de excursión.

雨が降っても降らなくても、明日私たちは遠足に行きます。

・会話に出てくる文でも後ろの動詞が省略されています。

Vayamos o no (vayamos) a la Puerta del Sol, nos traerá buena suerte para el año que viene si conseguimos acabarlas todas.

太陽の門に行っても行かなくても、ちゃんと全部食べたら新年に幸運が訪れる。

・過去のことを述べる場合は接続法過去形を用います。

Viniera o no viniera, no me importaba nada.

彼が来ても来なくても、私は一向に構いませんでした。

・「暑さ」と「寒さ」のように意味的に対立する語句を用いた場合は、必ずしも動詞を肯定形と否定形両方で用いる必要はありません。

Haga calor o frío, ellos siempre dan un paseo por el parque.

暑くても寒くても、彼らはいつも公園を散歩します。

Allí caminaban los dos, hiciera sol o lloviera.

晴れでも雨でも二人はそこを歩いていました。

3）そのほか次のような成句的副詞節で接続法を用います。

・「つまり」：o sea

Conocí a Carlos hace una semana, o sea el viernes pasado.

私は1週間前、つまり先週の金曜日にカルロスと知り合いました。

Mi oficio es enseñar, o sea que soy profesor.

私の仕事は教えること、つまり教師です。

・「私の知る限りでは」等：que yo sepa

Que yo sepa, no hay estación de metro por aquí.

私の知る限りでは、この辺りに地下鉄の駅はありません。

Que yo sepa, Carlos no tiene novia.

私の知る限りでは、カルロスには恋人がいません。

Que yo recuerde, te dije que no lo hicieras.

私の記憶では、君にそれをしないように言ったはずだ。

Que yo recuerde, Joaquín tenía quince años cuando lo conocí.

私の記憶では、私がホアキンに知り合った時、彼は15歳でした。

練習問題

1. （　　）内の動詞を適切な過去分詞の形にしなさい。また、日本語に訳しなさい。

1) Carlos tiene (preparar) _____ una sorpresa.

2) Ella tiene (alquilar) _____ un piso cerca de aquí.

3) Ya tengo (terminar) _____ los deberes del colegio.

4) Ellos tienen (planear) _____ un viaje a Barcelona.

5) Carolina tiene (ahorrar) _____ unos cinco mil euros.

6) Tenemos (almacenar) _____ todas las informaciones necesarias para preparar un informe.

2. （　　）の動詞を適切な形に活用させなさい。また、日本語に訳しなさい。

1) Cada vez que (pensar) _____ en ti, me siento muy feliz.

2) Cada vez que (ir) _____ al supermercado, compro una botella de vino.

3) Cada vez que (despertarse) _____, le llenaba de placer vivir con su familia.

4) Cada vez que (ir) _____ a Shinjuku, me sorprende que haya cambios en el ambiente.

5) Cada vez que te (dar) _____ ganas de fumar, recuerda el consejo del médico.

3. 日本語と同様の意味になるように下の選択肢から適切なものを選び（　　）に入れなさい。複数回使う選択肢や一度も使わない選択肢もある。

[cual / dices / digas / lo que / pasa / pase / piensas / pienses / que / quien / sea / será]

1) 誰であろうとも、私は今家にいないと言ってくれ。

(　　　　　　) (　　　　　　　) (　　　　　　　　　　), dile que no estoy ahora en casa.

2) 何が起ころうと、私たちは最後まで君と一緒に行く。

(　　　　　　) (　　　　　　　) (　　　　　　　　　　), iremos contigo hasta el final.

3) 君がなんと言おうとも、僕は風まかせで気ままに行くよ。

(　　　　　　) (　　　　　　　) (　　　　　　　　　　), yo siempre voy a donde me lleva el viento.

4) 年齢に関係なくコレステロール値は一定の値以下でなければなりません。

(　　　　　　) (　　　　　　　) (　　　　　　　　　) la edad, el colesterol debe estar por debajo de un nivel determinado.

5) 君がどう考えていようが、結婚生活に忍耐は欠かせないよ。

(　　　　　　) (　　　　　　　) (　　　　　　　　　), la paciencia es indispensable para la vida matrimonial.

4. スペイン語の音声を聴いて下線部に書き取りなさい。また、日本語に訳しなさい。　◀)) - **13**

1) ＿＿＿＿＿＿＿＿＿＿＿＿＿＿＿＿＿＿＿＿＿＿＿＿＿, tienes que admitir su opinión.

2) ＿＿＿＿＿＿＿＿＿＿＿＿＿＿＿＿＿＿＿＿＿＿＿＿＿, te cuesta el dinero.

3) ＿＿＿＿＿＿＿＿＿＿, todavía nos falta información para confirmar la noticia.

4) ＿＿＿＿＿＿＿＿＿＿＿＿＿＿＿＿＿＿＿＿＿, no me importaba nada.

5) ＿＿＿＿＿＿＿＿＿＿, el partido se realizará tal como está programado.

6) ＿＿＿＿＿＿＿＿＿＿＿＿＿＿＿＿＿＿＿, Carlos se casó el año pasado.

5. スペイン語の音声を聴いて下線部に書き取りなさい。また、日本語に訳しなさい。　🔊-**14**

1) ＿＿＿＿＿＿＿＿＿＿＿＿＿＿＿＿＿＿＿＿＿＿＿＿＿＿＿＿＿＿＿＿＿，

   no puede cubrir el trayecto de Tokio a Osaka en una hora.

2) Ninguna nación, ＿＿＿＿＿＿＿＿＿＿＿, puede vencer los desafíos por sí sola.

3) Llámame, ＿＿＿＿＿＿＿＿＿＿＿＿＿＿＿＿＿＿＿＿＿＿＿＿＿＿＿＿＿＿．

4) ＿＿＿＿＿＿＿＿＿＿＿＿＿＿＿＿＿＿＿＿＿, ella no podrá ser cantante profesional.

5) ＿＿＿＿＿＿＿＿＿＿＿＿＿＿＿＿＿＿＿＿＿＿＿＿＿＿＿＿＿＿＿＿＿，

   no podrás sacar buenas notas si no te esfuerzas.

6. 日本語と同様の意味になるようにスペイン語を並べ替えなさい。

1) 非常に暑い時によく冷えたビールに勝るものはありません。
   bien fría / cerveza / cuando / hace / hay / mejor / nada / no / tremendo calor / que / un / una

   ＿＿＿＿＿＿＿＿＿＿＿＿＿＿＿＿＿＿＿＿＿＿＿＿＿＿＿＿＿＿＿＿＿．

2) 疲労回復には睡眠ほど良いものはありません。
   cansancio / del / dormir / hay / mejor / nada / no / para / que / recuperarse

   ＿＿＿＿＿＿＿＿＿＿＿＿＿＿＿＿＿＿＿＿＿＿＿＿＿＿＿＿＿＿＿＿＿．

3) 私の父ほど正直な人を私は知りません。
   a / conozco / honesto / más / mi / nadie / no / padre / que

   ＿＿＿＿＿＿＿＿＿＿＿＿＿＿＿＿＿＿＿＿＿＿＿＿＿＿＿＿＿＿＿＿＿．

4) 私はバレンシアのパエリヤほどおいしい物を食べたことがありません。
   comido / como / de / he / la / nada / no / paella / rico / tan / Valencia

   ＿＿＿＿＿＿＿＿＿＿＿＿＿＿＿＿＿＿＿＿＿＿＿＿＿＿＿＿＿＿＿＿＿．

5) 私はこれほど驚くべき風景を見たことがありません。
   como / este / he / ningún / no / paisaje / sorprendente / tan / visto

   ＿＿＿＿＿＿＿＿＿＿＿＿＿＿＿＿＿＿＿＿＿＿＿＿＿＿＿＿＿＿＿＿＿．

7. 日本語に訳しなさい。

1) Si no estudias en serio, vas a repetir el curso.

2) Mi padre se tomaba muy en serio la posibilidad de la guerra nuclear.

3) Carmen dijo, mitad en broma y mitad en serio, que pensaba vivir en Panamá.

4) Tal vez venga mucha gente a la fiesta.

5) Que yo recuerde, en 1992 se celebraron los Juegos Olímpicos de Barcelona.

8. スペイン語に訳しなさい。

1) 私たちはもう手紙を書いてあります。

2) 君、昨日のことを本気にしないで。

3) あなたが真面目に話しているとは思えません。

4) 何が起ころうとも、必ず君を幸せにするよ。

5) 率直に言って、私は彼が気に入りません。

Lección
8

表現

1. **ますます〜**

   Es un problema cada vez más preocupante.

   ますます深刻な問題になっているよね。

2. **できるだけ〜**

   １）できるだけ（多い／多く）〜

   Deberíamos tomar medidas lo más pronto posible.

   できるだけ早く対策をとるべきなんだよね。

   ２）できるだけ（少ない／少なく）〜

   Quisiera utilizar uno que contamine lo menos posible.

   なるべく環境を汚染しない車を使うようにしたいな。

3. **〜に気づく**

   Me doy cuenta de que ya no es un problema que se pueda ignorar.

   もう無視できるような問題ではないって気づいたの。

4. **〜に間に合う**

   Espero que todavía estemos a tiempo de salvar el planeta.

   まだ地球を救うのに間に合うことを願うよ。

文法解説

1. **進行形**

   Sigue lloviendo.

   雨が降り続いているね。

2. **否定語**

   No caía ni una gota durante semanas en la temporada seca.

   乾期の間は何週間も1滴も降らなかったんだけど。

   Las temperaturas alcanzaban apenas 30 o como máximo 32 grados.

   気温は30度にやっと届く程度で、最高でも32度程だった。

Conversación Calentamiento global 🔊 - 15

Kenta: Sigue lloviendo. Estamos en la temporada seca, ¿no?

Carmen: Sí, estamos en la temporada seca, pero ha llovido mucho estos días. Cuando era niña, no caía ni una gota durante semanas en la temporada seca. Noto que ha cambiado el clima.

Kenta: En Tokio también se nota el cambio. Cuando era niño, las temperaturas alcanzaban apenas 30 o como máximo 32 grados, y ahora algunas veces llegan casi a 40 grados.

Carmen: Es un cambio notable. Ya nos está afectando a todos el calentamiento global.

Kenta: Es un problema cada vez más preocupante. Con el desarrollo industrial, se han generado varios problemas ambientales. Deberíamos tomar medidas lo más pronto posible. Dicen que algunos países insulares están seriamente amenazados y pueden desaparecer si se derrite más el hielo glaciar y se eleva el nivel de la superficie del mar.

Carmen: Antes pensaba que era un asunto ajeno y lejano a nosotros, pero me doy cuenta de que ya no es un problema que se pueda ignorar. Hay que resolver este problema a toda costa entre todos.

Kenta: Antes ni siquiera me pasaba por la mente la necesidad de hacer algo para contrarrestar los problemas de la Tierra. Pero ahora pienso que cada quien debería hacer lo que pueda. Yo voy a la oficina en coche, así que quisiera utilizar uno que contamine lo menos posible. Además llevo mi bolsa cuando salgo de compras, para no necesitar que me den una de plástico. Así se reducirá la cantidad de basura.

Carmen: Muy bien. Ahora yo pienso aprender sobre los ODS y la neutralidad de carbono.

Kenta: ¿Qué son los ODS?

Carmen: Son las siglas de Objetivos de Desarrollo Sostenible. En inglés se llaman SDGs.

Kenta: Ah, entonces ya sé lo que son. Son los 17 objetivos globales para lograr un mundo mejor y más sostenible para 2030, ¿no?

Carmen: Sí, exactamente. Y ahora hablan mucho de la neutralidad de carbono. Varios países tienen establecido el objetivo de lograrla para 2050.

Kenta: Todavía estamos lejos de cumplir los objetivos, pero espero que todavía estemos a tiempo de salvar el planeta.

会話 地球温暖化

　ケンタ：雨が降り続いているね。今は乾期じゃないの？

カルメン：ええ、乾期なんだけどこの頃たくさん雨が降っているね。私が子どもの頃は、乾期の間は何週間も1滴も降らなかったんだけど。気候が変わったのが分かるわね。

　ケンタ：東京でも変化が分かるよ。子どもの頃、気温は30度にやっと届く程度で、最高でも32度程だったんだけど、今では40度近くになることもある。

カルメン：それは大きな変化だね。もう私たち全員地球温暖化の影響を受けているんだ。

　ケンタ：ますます深刻な問題になっているよね。産業が発達するにつれていろいろな環境問題が発生しているし。できるだけ早く対策をとるべきなんだよね。島嶼国の中には深刻な脅威にさらされている国があって、氷河の氷がとけて海水面が上がると消滅してしまう国もあるそうだね。

カルメン：以前は私には遠い他人事だと思っていたけれど、もう無視できるような問題ではないって気づいたの。この問題は何としても皆で解決しなければならないよね。

　ケンタ：以前は地球の問題をなくすために何かする必要があるなんて考えたこともなかった。でも今ではそれぞれができることをしなくちゃいけないって思っているんだ。僕は車で通勤しているからなるべく環境を汚染しない車を使うようにしたいな。それから、買い物に行く時は自分のバッグを持っていって、レジ袋はもらわないようにしている。こうすればごみを減らせるからね。

カルメン：それはいいわね。私は今度は「ODS」やカーボンニュートラルについて勉強したいと思っているの。

　ケンタ：ODSって何？

カルメン：「持続可能な開発目標」の頭文字よ。英語ではSDGsって言ってる。

　ケンタ：ああ、それなら知ってる。2030年までにより良い持続可能な世界を目指す17の目標だよね？

カルメン：ええ、その通りよ。それからカーボンニュートラルは今よく話題にのぼっているよね。2050年までにカーボンニュートラルを達成するっていう目標を立てている国もたくさんある。

　ケンタ：まだ目標達成からは程遠いけど、まだ地球を救うのに間に合うことを願うよ。

語彙リスト

会話	
temporada seca	乾期
gota	しずく
notar	気づく
apenas	せいぜい、やっと
como máximo	最高で
notable	顕著な
preocupante	気がかりな
problema ambiental	環境問題
insular	島の
amenazar	脅す
desaparecer	姿を消す
derretirse	とける
hielo	氷
glaciar	氷河の
elevarse	上昇する
superficie	表面
ajeno	他人の、無関係な
lejano	遠い
darse cuenta de 〜	〜に気づく
ignorar	知らない、無視する
a toda costa	どんな犠牲を払っても
ni siquiera 〜	〜すらない
mente	頭、脳裏

contrarrestar	阻止する
contaminar	汚染する
basura	ごみ
ODS (Objetivos de Desarrollo Sostenible)	SDGs（持続可能な開発目標）
neutralidad	中立
carbono	炭素
neutralidad de carbono	カーボンニュートラル
sigla	（頭文字による）略語
establecer	設定する
lejos de + 不定詞	〜するのに程遠い

No estás lejos de aprobar el examen.
君は試験に合格するのに程遠くはありません。

cumplir	達成する
planeta	惑星

＊会話では「地球」という意味で用いています。
「地球」はスペイン語で la Tierra ですが、スペイン語では同じ語を繰り返し使うことを避ける傾向があります。そのため globo（球体）や planeta（惑星）という単語を使って、el/nuestro globo/planeta などの表現で地球を表すことも少なくありません。globo や planeta が地球を意味しているか、地球以外の球体や惑星を意味しているかは文脈で判断します。

141

exigir	要求する
digitalización	デジタル化
crecer	増大する、成長する
generación eléctrica	発電
energías renovables	再生可能エネルギー
contagio	感染
ecológico	環境に優しい
manual	マニュアル
doloroso	痛い、苦しい
desperdiciar	浪費する、無駄にする
contribuir	貢献する
logro	達成
equivocado	間違った
anormal	異常な
comportamiento	行動、振る舞い
zarpar	出航する
navegación	航行、航海
matricularse en ～	～に登録する
desfile	行進、パレード

文法解説

verdor	緑、生気
calmarse	鎮まる、落ち着く
importante	かなりの

cuna	ゆりかご
madrugada	明け方
infeccioso	伝染性の
enfermedad infecciosa	感染症
perdonar	許す
destacado	卓越した

練習

extenderse	広がる、普及する
protestar	抗議する
violación	侵害、違反
derechos humanos	人権
recesión económica	不景気
avanzar	前進する
complejo	複雑な
breve	簡潔な
saludable	健康に良い
precios	物価
año fiscal	年度
proyecto de presupuestos	予算案
déficit	赤字、欠損
déficit acumulado	累積赤字
eliminar	除去する、排除する

actual	現在の	⋮	vehículos de	水素自動車
hidrógeno	水素	⋮	hidrógeno	

表現

1. ますます〜

Es un problema cada vez más preocupante.
ますます深刻な問題になっているよね。
〈cada vez ＋比較級〉

・「だんだん〜」「ますます〜」を表します。

Hoy día se exige cada vez mayor conocimiento de la digitalización.
今日ではますますデジタル化の知識が要求されています。

La neutralidad de carbono es un tema cada vez más importante para las empresas.
カーボンニュートラルは企業にとってますます重要な課題になっています。

En los últimos años crece cada vez más el interés por la generación eléctrica con energías renovables.
近年、再生可能エネルギーによる発電に対する関心がますます高まっています。

・「より（多い／多く）」という優等比較級だけでなく「より（少ない／少なく）」という劣等比較級も置くことができます。

Me parece que mi novia está cada vez menos contenta conmigo.
恋人は私にますます不満を募らせているように見えます。

Tenemos cada vez menos posibilidades de resolver el problema del calentamiento global.
私たちが地球温暖化の問題を解決できる可能性はますます少なくなっています。

・cada は año、mes、semana、día などと組み合わせて使うこともできます。

Cada año más jóvenes van al extranjero a estudiar.

毎年、ますます多くの若者が海外に留学しています。

Cada día se registraban más casos de contagio.

毎日、ますます多くの感染者数が記録されました。

2. できるだけ〜

１）できるだけ（多い／多く）〜

Deberíamos tomar medidas lo más pronto posible.

できるだけ早く対策をとるべきなんだよね。

〈lo ＋優等比較級＋ posible〉

・不規則な比較級を除けば、「より（多い／多く）」という優等比較級は〈más ＋形容詞／副詞〉の形をとりますので、〈lo más ＋形容詞／副詞＋ posible〉が代表的な形になります。（⇒『初級』Lec.11）

Te recomiendo comprar un coche que sea lo más ecológico posible.

できるだけ環境に優しい車を買うことを君に勧めます。

・以下の文を比較してみましょう。

Los manuales deben ser fáciles.　マニュアルは簡単でなければなりません。

Los manuales deben ser más fáciles.

マニュアルはもっと簡単でなければなりません。

Los manuales deben ser lo más fáciles posible.

マニュアルはできるだけ簡単でなければなりません。（posible はここでは副詞的に動詞を修飾しているので単数形です。）

・副詞の比較級の例も確認しましょう。

Vuelve lo más pronto posible.　できるだけ早く戻りなさい。

Hable lo más despacio posible.　できるだけゆっくり話してください。

Le recomiendo caminar lo más posible.

できるだけたくさん歩くことを勧めます。（más は mucho の比較級）

２）できるだけ（少ない／少なく）〜

Quisiera utilizar uno que contamine lo menos posible.

なるべく環境を汚染しない車を使うようにしたいな。

〈lo ＋劣等比較級 ＋ posible〉

・１）と同様の構文ですが、ここでは優等比較でなく、「より（少ない／少なく）」
　という劣等比較を用います。（⇒『初級』Lec.11）
・不規則な比較級を除けば、劣等比較級は〈menos ＋ 形容詞／副詞〉の形をと
　りますので、〈lo menos ＋ 形容詞／副詞 ＋ posible〉が代表的な形になります。

　　Espero que la enfermedad de mi amiga sea lo menos dolorosa posible.
　　私は友人の病ができるだけ苦痛の少ないものであるよう願っています。
　　Es importante que el trabajo sea lo menos peligroso posible.
　　作業ができるだけ危険の少ないものであることが重要です。
　　En esta clase tratemos de utilizar el japonés lo menos posible.
　　このクラスではできるだけ日本語を使わないようにしましょう。（menos
　　はpocoの比較級）
　　Intentaba fumar lo menos posible.
　　私はできるだけタバコを吸わないようにしていました。
　　Cocinamos desperdiciando lo menos posible para contribuir al logro de
　　los ODS, Objetivos de Desarrollo Sostenible.
　　私たちはSDGs、持続可能な開発目標の達成に貢献するために、なるべく
　　無駄を出さないように調理をします。

3.　〜に気づく

Me doy cuenta de que ya no es un problema que se pueda ignorar.

もう無視できるような問題ではないって気づいたの。

〈darse cuenta de ＋名詞／que直説法〉

・darse cuentaの後ろに前置詞deを置いて、「〜に気づく」を表します。
　　Me di cuenta de mi error pero ya era demasiado tarde.
　　私は自分の間違いに気づきましたが、もう遅かったです。
　　Me doy cuenta de que estaba equivocada.
　　私は間違っていたことに気づきました。
　　Algún día Juana se dará cuenta de que hizo una tontería.
　　バカなことをしたとフアナはいつの日か気づくでしょう。

¿No te das cuenta de que él te engaña?

君は彼にだまされていることに気づかないの？

・darse cuenta だけで、「気づく」という意味で使うことができます。

　　¿Cómo no te has dado cuenta antes?

　　どうしてもっと前に気がつかなかったの？

　　No hace falta que me digas más. Ya me doy cuenta.

　　それ以上言う必要はないよ。私はもう分かった。

・notar という動詞も「気づく」という意味で使います。会話中でも以下の文で使われています。

　　Noto que ha cambiado el clima.　気候が変わったのが分かるわね。

・notar と darse cuenta de は同義語で使うことができますが、以下の違いがあると言えます。

　notar：感覚的な気づき（感覚を通して〜に気づく、「感知する」）

　　Noté algo anormal en su comportamiento.

　　私は彼の行動に何か異常があるのに気づきました。

　　Hemos notado que nuestra madre está rara hoy.

　　私たちは今日は母の様子が変だと気づきました。

　darse cuenta de：意識的な気づき（思考・認識して〜に気づく）

　　Al perderlo todo, él se dio cuenta de que tenía que trabajar.

　　すべてを失って彼は働かなければならないことに気づきました。

　　Al final los científicos se dieron cuenta de su error.

　　科学者たちはようやく自分たちの間違いに気づきました。

4.　〜に間に合う

Espero que todavía estemos a tiempo de salvar el planeta.

まだ地球を救うのに間に合うことを願うよ。

〈a tiempo de ＋不定詞〉

・動詞 estar とともに使い〈estar a tiempo de ＋不定詞〉とすると、「〜する時間のゆとりがある」「〜に間に合う」を表します。

　　Como tenemos dos semanas para zarpar, todavía estamos a tiempo de
　　cambiar el plan de navegación.

　　出航まで2週間あるのでまだ航海計画の変更は間に合います。

Usted aún está a tiempo de cancelar la reserva.

予約のキャンセルはまだ間に合います。

Todavía estás a tiempo de matricularte en el curso de guitarra.

まだ君はギターのコースの登録に間に合います。

No todo está perdido. Nuestra empresa aún está a tiempo de recuperarse.

すべてが失われたわけではありません。私たちの会社はまだ持ち直す余裕
があります。

・動詞llegarとともに使い〈llegar a tiempo de ＋不定詞〉とすると、「～に間に
合って到着する」という意味になります。

Si no os dais prisa, no llegaréis a tiempo de ver el desfile.

君たちは急がないとパレードを見るのに間に合いません。

・〈llegar a tiempo〉だけで使うことも多く、「間に合って着く」を表します。

A pesar de que había mucho tráfico, llegamos al aeropuerto a tiempo.

道路がとても混んでいましたが、空港には時間通りに到着しました。

Vamos a tomar un taxi, para que lleguemos a tiempo.

間に合うようにタクシーに乗りましょう。

文法解説

1. 進行形

・いくつかの動詞と現在分詞の組み合わせで進行中の動作を表します。

1）estar ＋現在分詞

・基本の形は〈estar ＋現在分詞〉で、行為や状況の進行を強調する時に用います。

・estarが現在形の時は現在進行形と呼びます。estarが線過去か点過去の時は
過去進行形、estarが未来形の時は未来進行形と呼びます。

　―¿Qué haces?　何をしているの？

　―Estoy escribiendo una carta a mis abuelos.

祖父母に手紙を書いているところだよ。

Cuando Juan vino a visitarme, estaba viendo el partido de fútbol en
la televisión.

フアンが私を訪ねてきた時、私はテレビでサッカーの試合を見ているとこ
ろでした。

・スペイン語では進行形は特に進行状態を強調する時にしか使いません。特に
強調しない場合は現在形や線過去で表現します。

> Cuando Juan vino a visitarme, veía el partido de fútbol en la televisión.
> フアンが私を訪ねてきた時、私はテレビでサッカーの試合を見ていました。

2）ir ＋ 現在分詞：「～していく」
・ある時点以降の継続進行を表します。

> La abuela va mejorando cada día.　祖母は日ごとに良くなっていきます。
> Las hojas van perdiendo su verdor.　木の葉がその緑を失っていきます。
> El niño fue calmándose poco a poco.
> その子どもは少しずつ落ち着いていきました。

3）venir ＋ 現在分詞：「～してくる」
・ある時点までの継続進行を表します。

> Desde principios de año el precio del café viene subiendo a nivel
> internacional.
> 年初から世界的にコーヒーの価格は上がってきています。
> Él ha venido haciendo un esfuerzo importante en los últimos meses.
> 彼はこの数か月よく努力してきました。
> Desde la década de 2010 venía subiendo la tasa de desempleo.
> 失業率は2010年代から上昇してきていました。

4）seguir/continuar ＋ 現在分詞：「～し続ける」
・ある時点における継続を表します。

> A pesar del ruido de la fiesta, el bebé sigue durmiendo en la cuna.
> 祭りの騒音にもかかわらず、その赤ん坊はゆりかごで眠り続けています。
> Juana continuó leyendo esa novela hasta la madrugada.
> フアナは朝方までその小説を読み続けました。
> Juan terminó la universidad, pero continúa estudiando.
> フアンは大学を出ましたが、勉強を続けています。
> Ayer siguió nevando todo el día.　昨日は1日中雪が降り続きました。

会話では「Sigue lloviendo.（雨が降り続いているね。）」という表現が使われ
ています。

・〈seguir sin ＋不定詞〉で「〜していない状態を継続」→「依然として〜していない」を表します。（⇒本書Lec.4）

> Sigue sin llover.　依然として雨は降りません。

2.　否定語

・単独で動詞を否定する機能をもち、否定文を作ることのできる語を否定語と呼びます。（⇒『初級』Lec.14）

・代表的なのはnoで、「いいえ」や否定の「〜でない」を表します。

> —¿Vives en Yokohama?　横浜に住んでるの？
>
> —No, no vivo en Yokohama.　いや、横浜には住んでない。

・ここではno以外の否定語を確認しましょう。

・否定語nada、nadie、ninguno/ninguna、nunca、jamás、apenas、tampoco、niが動詞の前に置かれる否定文では、動詞の前に否定のnoを置きません。動詞より後にこれらの否定語がくる時は、動詞の前にnoが必要です。

> Nunca he estado en Madrid.
>
> No he estado nunca en Madrid.
>
> 私は一度もマドリードに行ったことがありません。

1）nada：

①代名詞「何も（〜ない）」

> No creo en nada.　私は何も信じません。

・nada de 〜は、un poco de 〜（少しの〜）、algo de 〜（何らかの〜）に対応する否定語です。

> Entiendo un poco de francés.　私はフランス語が少し分かります。
>
> No entiendo nada de alemán.　私はドイツ語が全く分かりません。

②副詞「全然／少しも（〜ない）」

> No estoy nada cansado.　私は全く疲れていません。
>
> Nada nos importaba el frío.　寒さなど私たちには何でもありませんでした。

2）nadie：代名詞「誰も（〜ない）」

> Aquí no vive nadie.　ここには誰も住んでいません。
>
> A mí no me gusta hablar mal de nadie.
>
> 私は誰の悪口も言いたくありません。
>
> Nadie sabía quién era él.　彼が誰なのか誰も知りませんでした。

3）ninguno, ninguna：

①代名詞「（ある範囲の中で）一つ／一人も（～ない）」

・1）nada、2）nadieと異なり、言及する範囲が限定されている場合に使い、「（ある範囲・部分の中で）一つ／一人も（～ない）」を表します。

　　Ninguno de los empleados habla inglés.

　　従業員のうち誰一人として英語を話しません。

　　No me ha gustado ninguna de las casas que he visto.

　　私は見た家のどれ一つとして気に入りませんでした。

　　Ninguno de los tres dijo la verdad.

　　三人のうち誰も真実を言いませんでした。

②形容詞「一つ／一人の～も（～ない）」

・男性単数名詞の前で語尾が脱落しningúnとなります。

　　No hay ningún problema.　何の問題もありません。

　　No se ha presentado ningún nuevo caso de la enfermedad infecciosa.

　　その感染症の新たな症例は発生していません。

　　Ninguna persona quería ayudarle al policía.

　　誰一人警官を助けようとしませんでした。

4）nunca：副詞「一度も／決して（～ない）」

　　No he estado en México nunca.

　　私は一度もメキシコに行ったことがありません。

　　Nunca comeré dulces en la noche.　決して夜はお菓子を食べないぞ。

5）jamás：副詞「一度も／決して（～ない）」

・nuncaと同じ意味ですが、更に強い否定を表します。使用頻度はnuncaの方が高いです。

　　No lo puedo olvidar jamás.　私は決してそれを忘れることはできません。

　　Jamás te perdonaré.　私は君を絶対に許さないだろう。

・nuncaの直後に置いてnunca jamásの形で否定語を重ねて使用し、否定を更に強調することがあります。jamás nuncaの語順は不可です。

　　¿No nos veremos nunca jamás?　私たちもう絶対に会えないの？

　　No vengas aquí nunca jamás.　ここにはもう絶対に来るな。

6）apenas：副詞「ほとんど（～ない）」

Apenas puede andar.　彼はほとんど歩けません。

No sabe leer apenas.　彼はほとんど字が読めません。

・会話の「apenas 30 ... grados（やっと30度）」のように数量の前で用いられる時は、「かろうじて」「せいぜい」「ほんの」を意味します。

Podremos estar aquí apenas unas semanas.

私たちはここにはせいぜい数週間しかいられないでしょう。

El teléfono sonó apenas dos o tres minutos después de que ella salió de casa.

彼女が家を出てほんの2、3分後に電話が鳴りました。

7）tampoco：副詞「～もまた（～ない）」

¿Tú tampoco sabes nada?　君も何も知らないの？

No éramos ricos, pero tampoco pobres.

私たちは裕福ではありませんでしたが、貧しくもありませんでした。

8）ni：

①接続詞「～も…も（～ない）」

・yの否定形です。二つ以上の要素をつなぎ、後続の要素も否定の領域にあることを示します。

Mi padre no bebe ni fuma.

私の父はお酒も飲まないし、タバコも吸いません。

No la conozco ni la he visto.

私は彼女を知らないし、見たこともありません。

Él no es alto ni bajo, ni gordo ni flaco.

彼は背が高くも低くもなく、また太ってもやせてもいません。

No estaban en casa él ni su perro.　彼も彼の犬も家にいませんでした。

・否定する要素を強調するために、後続の要素だけでなく、否定するすべての要素の前にniを置くことができます。

No estaban en casa ni él ni su perro.　彼も彼の犬も家にいませんでした。

No tengo ni dinero ni tiempo.　私にはお金も時間もありません。

・動詞の前に否定する要素を置く場合は、否定するすべての要素にniをつけます。

Ni él ni su perro estaban en casa.　彼も彼の犬も家にいませんでした。

Ni hoy ni mañana me llamará Ramón.

今日も明日もラモンは電話をかけてこないでしょう。

②副詞「〜さえ／〜すら（〜ない）」

〈no 〜 + ni 〜〉〈ni 〜〉

・noとともに、あるいは単独でniを使って強い否定を表します。

・会話の文「No caía ni una gota durante semanas en la temporada seca.（乾期の間は何週間も1滴も降らなかったんだけど。）」では、「ni una gota（1滴すら）」のように強い否定を表しています。

　　No tengo tiempo ni para dormir.　私は眠る時間さえありません。

　　No quería ni hablar con él.　私は彼とは話すのさえいやでした。

　　—¿Sabes quién viene?　誰が来るのか分かる？

　　—Ni idea.　全然。

　　—¿Me ayudas?　手伝ってくれる？

　　—Ni hablar.　絶対にいや。

・siquieraとともに使ってni siguieraにすると「〜さえも（〜ない）」という意味になり、強い否定を表します。

　　No tengo ni siquiera un caramelo.　私はあめ1個さえ持っていません。

　　Ni siquiera un científico destacado supo prever que ocurriera este problema.

　　卓越した科学者さえこの問題が発生することは予見できませんでした。

・会話の中では次の表現を使っています。

　　Antes ni siquiera se me pasaba por la mente la necesidad de hacer algo para contrarrestar los problemas de la Tierra.

　　以前は地球の問題をなくすために何かする必要があるなんて考えたこともなかった。

練習問題

1. （　）の動詞の現在分詞を下線部に記入して進行形を作りなさい。また、日本語に訳しなさい。

1) La gente está (llegar) _____ a las calles para ver el desfile.

2) Sigue (crecer) _____ el número de personas que quieren visitar la isla.

3) Cada día la fama del artista fue (extenderse) _____ por todo el mundo.

4) Han venido (protestar) _____ contra la violación de los derechos humanos.

5) Lo vengo (decir) _____ desde hace cinco años.

2. 日本語に訳しなさい。

1) Cada vez recibimos menos cartas escritas a mano.

_____

2) Debido a la recesión económica se hace cada vez más difícil encontrar trabajo.

_____

3) Quizás esa sea la única forma de avanzar en un mundo cada vez más complejo.

_____

4) Tengo cada vez menos tiempo para leer.

_____

5) Salí de casa y al poco me di cuenta de que había dejado el móvil dentro.

_____

6) Nuestra empresa todavía está a tiempo de evitar lo peor.

_____

3. 日本語と同様の意味になるように下の選択肢から適切なものを選び（　　　）
   に入れなさい。複数回使う選択肢や一度も使わない選択肢もある。

[apenas / nada / nadie / ni / ningún / ninguna / ninguno / no / nunca]

1) カルロスが言ったことは不思議でも何でもありません。
   Lo que dijo Carlos (　　　　　　) es (　　　　　　　　) extraño.
2) 私には君がしていることがいいとは全く思えません。
   (　　　　　　　) me parece (　　　　　　　　) bien lo que haces.
3) ここには私たちのほかは誰も住んでいません。
   Aquí (　　　　　　) vive (　　　　　　　　) más que nosotros.
4) 彼女たちの誰もパーティーに来ないでしょう。
   (　　　　　　　) de ellas vendrá a la fiesta.
5) 私たちは結婚以来どこへも出かけたことがありませんでした。
   Desde que nos casamos (　　　　　　) habíamos salido a (　　　　　　)
   parte.
6) 私たちは誰からも何の援助も受けませんでした。
   No tuvimos (　　　　　　　) apoyo por parte de (　　　　　　　).
7) こんなことは一度も起こったことがありません。
   Esto (　　　　　) ha ocurrido (　　　　　　　).
8) 私は9時より前に起きることは決してありません。
   (　　　　　　　) me levanto antes de las nueve.
9) 私がカルメンと知り合った時、彼女はほんの6歳くらいだったでしょう。
   Carmen tendría (　　　　　　　) unos seis años cuando la conocí.
10) 私たちは1日たりとも無駄にすることはできません。
    (　　　　　　) podemos perder (　　　　　　) un día.
11) ホセはほんの2、3分前にここに来ました。
    José vino aquí hace (　　　　　　) unos minutos.
12) 私は見当もつきません。
    (　　　　　　　) tengo (　　　　　　) la menor idea.
13) 私は食事する時間さえありませんでした。
    (　　　　　　) tenía tiempo (　　　　　　) para comer.

4. スペイン語の音声を聴いて下線部に書き取りなさい。また、日本語に訳しなさい。　🔊 **-16**

1) Compra un ordenador _____ .

2) Espero _____ .

3) Hable _____ .

4) Tenemos que presentar un informe _____ .

5) Las cartas deben ser _____ .

6) Trataré de _____ .

7) Los alimentos deben ser saludables, durar mucho tiempo, tener buen sabor y costar _____ .

Lección

8

5. スペイン語に訳しなさい。

1) 私たちは最近物価が高くなっていることに気づきました。

_____

2) 来年度の予算案では累積赤字の解消には程遠いです。

_____

3) 現在の自動車市場では水素自動車の普及にはまだ程遠いです。

_____

4) もう11時なので私たちは大阪行きの最終電車に間に合いません。

_____

表現

1. **久しぶり**

   ¡Cuánto tiempo sin verte!　久しぶり！

2. **感じとれる**

   ¿Se me nota mucho?　そんなに分かっちゃう？

3. **手間がかかる／骨が折れる**

   Me cuesta trabajo volver a la rutina.
   いつもの生活に戻るのは大変なんだ。

4. **～による／～次第**

   Eso depende de adónde vayas en México.
   それはメキシコのどこに行くか次第よ。

5. **～と思える／感じる**

   Se me hace que te estás olvidando de algo importante.
   何か重要なことを忘れているみたい。

文法解説

1. **gustar型動詞**

   ¿Te gusta esquiar?
   スキーが好きなの？

2. **必要・義務の表現とその否定形**

   No tendría que aguantar el frío.
   寒さを我慢しなくていいし。

3. **seの用法**

   ¿Se me nota mucho?
   そんなに分かっちゃう？

Conversación   Después de las vacaciones

Mei: Hola Juan, ¡cuánto tiempo sin verte!

Juan: Hola Mei, ¿cómo has estado?

Mei: Muy bien gracias. Yo fui a Barcelona para ver obras de Gaudí. ¿Y tú?

Juan: Yo fui a esquiar a los Pirineos.

Mei:¡Qué bien! ¿Te gusta esquiar?

Juan: Si, me encanta. Así que lo pasé muy bien esquiando todos los días.

Mei: ¡Genial! Pero, ¿y esa cara? ¿Estás bien? No pareces muy contento.

Juan: ¿Se me nota mucho? Es que tengo el ánimo decaído.

Mei: ¡Oh, no! ¿Te sientes mal?

Juan: No tengo ningún problema de salud. Es solo que me cuesta trabajo volver a la rutina después de las vacaciones.

Mei: Ah, ya, te entiendo perfectamente. A mí me pasa lo mismo. Me da pereza.

Juan: ¿Verdad que sí? Solo con pensar que tengo que volver a madrugar me pongo malo.

Mei: Sí, especialmente ahora en invierno, las mañanas son tan oscuras y tan frías, ¿verdad?

Juan: Sí, eso es lo peor. Me encantaría vivir en..., en... ¡México! ¡Sí, México! Allí siempre hace sol y hay playas hermosas. No tendría que aguantar el frío.

Mei: Bueno, eso depende de adónde vayas en México. En la ciudad de México también hace frío en invierno porque está a una altitud de más de dos mil metros.

Juan: Pues yo me iría a vivir al litoral del Caribe en México. Así tendría sol todo el año.

Mei: Pero, se me hace que te estás olvidando de algo importante. En México no podrías esquiar. Para poder ir a esquiar tienes que aguantar el frío. ¿Ves? Definitivamente todo tiene sus pros y sus contras. Tienes que elegir entre calor todo el año o tener cuatro estaciones para poder ir a esquiar.

Juan: Es verdad. No se puede tener todo en la vida. Me quedo con las cuatro estaciones.

Mei: Yo también prefiero tener cuatro estaciones. En Japón hay cuatro estaciones muy marcadas y cada estación tiene su encanto.

Juan: Cuando termine mi carrera, me gustaría ir a Japón en invierno para esquiar.

Mei: Buena idea. Te encantaría la nieve en polvo de Hokkaido.

Juan: Gracias por darme la motivación que necesitaba para regresar al estudio. Por mucho frío que haga, ya no me desanimaré.

会話　休暇の後

　　メイ：こんにちは、フアン、久しぶり！

　フアン：やあ、メイ、元気だった？

　　メイ：とても元気よ、ありがとう。私はガウディの作品を見にバルセロナに行ったの。あなたは？

　フアン：僕はねピレネー山脈にスキーをしに行ったんだ。

　　メイ：それは良かったわね。スキーが好きなの？

　フアン：うん、大好きなんだ。毎日スキーをしてとても良かったよ。

　　メイ：すごいね。でも、その顔は？　大丈夫？　あまりうれしそうじゃないけど。

　フアン：そんなに分かっちゃう？　実は気分が落ち込んでいるんだ。

　　メイ：まあ！　具合が悪いの？

　フアン：具合は全く悪くない。ただ、休暇の後でいつもの生活に戻るのは大変なんだ。

　　メイ：ああ、よく分かるわ。私も同じよ。やる気が出ないのよね。

　フアン：そうでしょ？　また早起きしなくちゃいけないって思うだけで具合が悪くなっちゃうよ。

　　メイ：そうね、特に今の冬の時期は朝は暗くて寒いものね。

　フアン：そう、最悪だよ。僕は……、そうだな、どこに住みたいかな……、メキシコ！そう、メキシコだ！　いつも太陽が出ていて、美しいビーチがある。寒さを我慢しなくていいし。

　　メイ：うーん、それはメキシコのどこに行くか次第よ。メキシコシティーは標高2,000メートル以上だから冬はやはり寒いのよ。

　フアン：それならメキシコのカリブ海側に行くよ。そうすれば1年中、日が照っているでしょう。

　　メイ：でも何か重要なことを忘れているみたい。メキシコではスキーはできないんじゃないかな。スキーに行くには寒さを我慢しなくちゃ。分かるでしょ？　結局何にでも良いところと悪いところがある。1年中暑いのと四季があってスキーに行けるのとどちらか選ばなくちゃいけないわ。

　フアン：そうだね。人生ですべてを手に入れることはできないよね。僕は四季にするよ。

　　メイ：私も四季がある方にするわ。日本では四季がとてもはっきりしていて、どの季節も魅力があるの。

　フアン：課程を修了したら僕は冬に日本にスキーをしに行きたいな。

　　メイ：いい考えね。北海道のパウダースノーはとっても気に入ると思う。

　フアン：また勉強に戻る気にさせてくれてありがとう。もうどんなに寒くたってやる気はなくさないよ。

語彙リスト

会話

Pirineos	ピレネー山脈
ánimo	心、気力
decaído	衰えた、元気のない
rutina	習慣、日課、ルーチン
madrugar	早起きする
aguantar	我慢する
altitud	標高
litoral	沿岸部
olvidarse de ～	～を忘れる
definitivamente	最終的に
pro	利益、利点
contra	反対、不利な点

＊sus pros y sus contras、los pros y los contras、el pro y el contra などで、「良い点と悪い点」を意味します。
Vamos a analizar los pros y los contras del proyecto.　プロジェクトの利点と難点を検討しましょう。

marcado	顕著な
encanto	魅力
nieve en polvo	パウダースノー
motivación	動機（づけ）
desanimarse	気力を失う

表現

acercarse	近づく
efecto	効果

aceptar	受け入れる
conservación	保全、保存
medio ambiente	環境
comunitario	コミュニティーの
tener lugar	行われる、生じる
ocultar	隠す
indiscreto	無遠慮な、ぶしつけな
llevarse bien	気が合う

文法解説

sobrar	余る
menor	年下の人、未成年者（⇔mayor）
asignatura	教科
culpable	責任をとるべき人
crimen	犯罪
inauguración	開会式、落成式

練習

rodilla	膝
crecimiento	成長
cruzar	横断する
cinturón de seguridad	シートベルト
borracho	酒に酔った

| a espaldas de ～ | ～のいないところで | identificación | 身元を証明する物 |
| aplicación | アプリ | | |

表現

1. 久しぶり

¡Cuánto tiempo sin verte!
久しぶり！
〈cuánto tiempo sin ＋不定詞〉

・「どれだけの時間（＝長い時間）～していなかった」という意味を表し、挨拶でよく使われます。
・長い間会わなかった人への挨拶には、以下の表現を使います。
　　Cuánto tiempo sin verlo/la.
　　お久しぶりです。（あなたに会っていなかった。）（usted に対して）
　　Cuánto tiempo sin vernos.
　　お久しぶりです。（私たちお互いに会っていなかった。）
・Cuánto に替えて Tanto を使うこともできます。
　　Tanto tiempo sin verte.　久しぶり。
・長い間連絡したりしていなかった人へは次の表現を使えます。
　　¡Cuánto tiempo sin saber de ti!　久しぶり！（長い間君の様子を知らなかった。）
　　¡Cuánto tiempo sin noticias tuyas!
　　久しぶり！（長い間君のニュースを聞いていなかった。）

162

2. 感じとれる

¿Se me nota mucho?
そんなに分かっちゃう？
〈notarse＋名詞／que直説法〉

・notarは「〜に気づく」という意味の他動詞で、次のような使い方をします。
（⇒本書Lec.8）

Ella notó un sabor extraño en los alimentos.
彼女は食べ物が変な味がするのに気づきました。

Noté que se acercaba la primavera.
私は春が近づいているのに気づきました。

・再帰代名詞seを置いてnotarの三人称単数形・複数形で「感じとれる」「見てとれる」を表します。

No se nota ninguna diferencia.　何の差異も感じられません。

No se notan los efectos del medicamento.　薬の効果が見られません。

A simple vista se nota que Carlos está enfermo.
カルロスが病気だと一目で分かります。

¿Se nota que me he tomado tres cervezas?
私がビールを3杯飲んだのが分かっちゃいますか？

¿Se nota que me he cortado el cabello?　髪の毛を切ったのが分かりますか？

—No tengo ganas de trabajar hoy.　今日は仕事する気がしない。

—Se nota.　分かるよ。

Se notaba que estabas cansado.　君が疲れているのが見てとれたよ。

・〈(a＋人) 間接目的格代名詞〉を加えて、「〜に…が見てとれる」を表せます。

Se te notaba cansancio.　君には疲れが感じられました。

A María no se le nota la edad.　マリアは年を感じさせません。

3. 手間がかかる／骨が折れる

Me cuesta trabajo volver a la rutina.

いつもの生活に戻るのは大変なんだ。

〈(a ＋ 人) 間接目的格代名詞 ＋ costar trabajo ＋不定詞〉

- costarは値段を尋ねる（¿Cuánto cuesta?）時によく使う動詞で「～の金額を要する」という意味ですが、costar trabajoで「手間がかかる」「骨が折れる」を表します。
- 間接目的格代名詞を置いて「～にとって」を表します。

　　Me cuesta trabajo creerlo.　私にはそれは信じ難い。

　　Nos cuesta trabajo aceptar lo que dices.

　　君が言うことを受け入れるのは私たちには大変なことです。

　　Me costó mucho trabajo conseguirlo.

　　私はそれを手に入れるのに大変苦労しました。

　　Nos costó poco trabajo terminar los deberes.

　　私たちは宿題を終えるのにほとんど苦労しませんでした。

　　—¿Te costó trabajo preparar este informe?

　　この報告書を準備するの大変だった？

　　—No, no tanto.　いや、それほどでもなかった。

　　A Juan no le cuesta trabajo vivir fuera del país.

　　フアンは国外に住んでも苦労しません。

4. 〜による／〜次第

Eso depende de adónde vayas en México.

それはメキシコのどこに行くか次第よ。

〈depender de ＋名詞／名詞節〉

- 「～次第」「～に左右される」を表します。

　　—¿Qué comemos?　何食べようか？

　　—No sé. Depende de ti. ¿Qué quieres?　分かんない。君次第。何食べたい？

　　La conservación del medio ambiente depende de todos.

　　環境保全はすべての人の手にかかっています。

　　Lo que le conteste dependerá de lo que me diga él.

　　彼に答える内容は、彼が私に何を言うかによります。

- deの後ろに名詞節（主部と述部から構成される節で名詞の働きをする）を置くこともできます。

1）queで導かれる名詞節の場合は〈que＋接続法〉の構文にします。

La salud de los dientes depende de que la dieta sea saludable.

歯の健康は食生活が健全であるか次第です。

Tu éxito dependía de que trabajaras en serio o no.

君の成功は君が真面目にやるかやらないかにかかっていた。

El éxito del proyecto depende de que los líderes comunitarios tengan
la voluntad de participar.

プロジェクトの成功はコミュニティーのリーダーが参加する意欲があるか
によります。

2）siに導かれる名詞節の場合は〈si＋直説法〉の構文になります。

El éxito del proyecto depende de si los líderes comunitarios tienen
la voluntad de participar.

プロジェクトの成功はコミュニティーのリーダーが参加する意欲があるか
どうかによります。

3）疑問詞で導かれる名詞節の場合は〈疑問詞＋接続法〉の構文にします。「誰
が／いつ／どこで～するか次第である」を表します。

La historia depende de quién la escriba.

歴史は誰がそれを書くかに左右されます。

—¿Es algo bueno o malo?　何か良いこと、それとも悪いこと？

—Depende de cómo lo mires.　君がそれをどう見るか次第だ。

—¿A qué hora te acostabas todos los días?　毎日何時に寝ていたの？

—Dependía de a qué hora tuviera que levantarme al día siguiente.

翌日何時に起きなければならないか次第だった。

・内容が明白な部分や状況全般を指す部分は省略できます。

—¿Vas a ir a la conferencia del Dr. Sánchez?　サンチェス博士の講演会に行く？

—Me gustaría, pero depende de cuándo y dónde (tenga lugar).

行きたいけど、時と場所次第だ。

—¿A qué hora te acuestas todos los días?　毎日何時に寝るの？

—Depende. Si tengo trabajo el día siguiente, a las doce. Pero si no tengo,
más o menos a las dos.

場合によるかな。次の日仕事があれば12時。でも、なければ大体2時くらいだね。

・前置詞「de」の後ろに名詞／名詞節を置く場合、「de」は省略できませんので、名詞句が前置詞で導かれる場合、前置詞が連なることになります。

La respuesta depende de a quién preguntes.　回答は誰に質問するか次第だ。

Eso depende de por dónde quieras viajar.

それは君がどこを旅行したいか次第だ。

5.　〜と思える／感じる

Se me hace que te estás olvidando de algo importante.

何か重要なことを忘れているみたい。

〈(a＋人）間接目的格代名詞＋hacerse＋que直説法〉

・間接目的格代名詞で表される「人」に「〜と思える／感じる」を表します。口語でよく使い、文語では使いません。

Se me hace que estás ocultando algo.

私には君が何か隠しているように思える。

No quiero ser indiscreta pero se me hace que nos conocemos.

失礼ですが、お目にかかったことがあるように思えます。

¿Se te hace que él es el mejor candidato a la presidencia?

君には彼が最も良い大統領候補だと思える？

A Elena se le hacía que estaba pasando algo extraño.

エレナは何かおかしなことが起こっているように感じました。

—¿Qué te pasa?　どうしたの？

—Se me hace que perdí mi pasaporte.　パスポートをなくしたらしいんだ。

En muchas ocasiones se me hace que él me engaña.

折に触れて彼が私をだましているように感じます。

Se me hacía que las hermanas se llevaban bien.

私にはその姉妹は仲が良さそうに見えていました。

文法解説

1. gustar型動詞

- 日本語では「AはBを／に（A→B）」という向きをとる表現が、スペイン語では「BはAを／に（B→A）」という反対方向の向きをとる場合が少なくありません。
- その代表的なものが〈(a + 人) 間接目的格代名詞 + gustar + 主語（名詞／不定詞）〉で、スペイン語の文法的には目的語であるものが日本語に訳す時には主語になったりします。
- 例えば、日本語の「AはBが好き」を表現したい時、スペイン語では「BはAに好まれる／気に入る」という構文〈(a + 人) 間接目的格代名詞 + gustar + 主語〉で表します。(⇒『初級』Lec.11)

  Me gusta la música.　音楽は私に好まれる→私は音楽が好きです。

  No me gustan las verduras.

  野菜は私に好まれない→私は野菜が好きではありません。

  A Carmen le gusta el fútbol.　カルメンはサッカーが好きです。

  A mí no me gusta el fútbol.　私はサッカーが好きではありません。

  A Carlos le gusta cantar.　カルロスは歌うのが好きです。

- 人も主語になります。

  —¿Oye, te gusto (yo)?　ねえ、私のこと好き？（←私は君に好まれる）

  —Sí, me gustas (tú) muchísimo.　うん、大好きだよ。（←君は私に好まれる）

- 「君は（好き）？」のように質問を付け加える時にも構文を念頭に置いた表現にしますので注意しましょう。

  構文上「君には（好まれる）？」という質問になるので、¿Y a ti?（君には？）とします。「A」は前置詞なので、後ろには前置詞格がきます。主格（túやyo）を置くことはできません。

  —Me gustan los perros. ¿Y a ti?　私は犬が好きです。君は？

  —A mí no me gustan.　私は好きじゃない。

  —A nosotros no nos gustan los deportes. ¿Y a usted?

  私たちはスポーツが好きではありません。あなたは？

  —A mí sí.　私は好きです。

・肯定文に対して「〜も」を表現する場合はtambiénを、否定文に対して「〜も」
を表現する場合はtampocoを使います。
この場合も構文を念頭に置いた表現にしますので気をつけましょう。

  —Me gusta la música clásica. ¿Y a ti?
  私はクラシック音楽が好きだ。君は？
  —A mí también.　私も。
  —No me gustan los deportes. ¿Y a usted?
  私はスポーツが好きではありません。あなたは？
  —A mí tampoco.　私もです。

・gustarのような構文をとる動詞には以下のようなものがあります。

1）感情・感覚を表す動詞：apetecer（食欲／気持ちをそそる）、doler（痛み
を与える）、molestar（わずらわせる）、sorprender（驚かせる）等
¿Te apetece un café?　コーヒーでも飲まない？　（コーヒーは君に意欲をそそる）
Me duelen las muelas.　私は奥歯が痛いです。（奥歯が私に痛みを与える）
—A mí me encanta este paisaje.　私はこの景色が大好きです。
（この景色は私を魅了する）
—A mí también.　私も。（私にも）
Me molesta el ruido de la televisión.　テレビの音がうるさいです。
（テレビの音は私をわずらわせる）
Nos sorprende tu silencio.　君が黙っているので私たちは驚いている。
（君の沈黙は私たちを驚かせる）

2）過不足、適否、重要性を意味する動詞：quedar（残る）、faltar（足りない）、
sobrar（余る）、importar（重要である）等
A Elena solo le quedaron cinco euros.
エレナには5ユーロしか残りませんでした。
Nos falta dinero.　私たちにはお金が足りません。
Calcula cuánto dinero te sobra.
君にいくらお金が余っているか計算しなさい。
Me importa mucho conocer su opinión.
私にはあなたの意見を知ることがとても重要です。

2. 必要・義務の表現とその否定形

・「～をしなければならない」という必要・義務を表す表現で最もよく用いられる形は、〈tener que＋不定詞〉、〈deber＋不定詞〉、〈hay que＋不定詞〉です。三つの構文の否定形はそれぞれ意味が異なるので注意が必要です。

1）tener que＋不定詞

話し手が置かれている状況から強制される義務を表します。（英語の must、have to に相当）

①肯定形：「～しなければならない」

Tenemos que trabajar mañana.　私たちは明日働かなければなりません。

Tienes que estudiar más para aprobar el examen.

君は試験に合格するためにもっと勉強しなければなりません。

②否定形：不必要「～しなくても良い」「～する必要はない」

No tenemos que trabajar mañana.　私たちは明日働かなくても良いです。

No tengo que levantarme temprano mañana por la mañana.

私は明日の朝早く起きる必要はありません。

会話では「寒さを我慢しなくていいし。」を、この否定形を用いて「No tendría que aguantar el frío.」としています。

2）deber＋不定詞

社会的規範や道徳等に従って、「～するべき」のように自らしなければならないと感じる義務を表します。

①肯定形：「～しなければならない」「～するべき」

Debemos trabajar mañana.

私たちは明日働かなければなりません。（働くべきです）

Deberías ser amable con los demás.

君はほかの人に優しくするべきでしょうね。

（deber を過去未来形にすると婉曲な表現になります。）

②否定形：禁止「～してはならない」

No debemos trabajar mañana.　私たちは明日働いてはなりません。

Los menores no deben beber.　未成年者は酒を飲んではいけません。

３）hay que ＋不定詞

　　主語を特定せず、一般的な必要・義務を表します。

①肯定形：非人称、一般的、「（誰にも当てはまる）〜しなければならない」

　　　　Hay que trabajar para comer.　食べるためには働かなくてはなりません。

　　　　Hay que respetar las leyes.　法律は守らなければなりません。

②否定形：禁止「〜してはならない」、不必要「〜する必要はない」

　　　　No hay que engañar a las personas.　人をだましてはいけません。（禁止）

　　　　En la universidad no hay que tomar todas las asignaturas.

　　　　大学ではすべての科目を取る必要はありません。（不必要）

3.　se の用法

・se には２種類あり、一つは間接目的格人称代名詞「le/les」の変形です。

　（⇒『初級』Lec.10）

・もう一つは再帰代名詞（me、te、se、nos、os、se）の se ですが、ここでは
　この三人称でしか用いられない再帰代名詞 se の用法を確認しましょう。

・再帰代名詞の用法全般については『初級』Lec.12 を参照してください。

１）再帰受動態：〈se ＋他動詞の三人称単数形／複数形〉

・本書 Lec.6 文法解説 2. 受身の表現 3）を参照してください。

・本課会話中の「¿Se me nota mucho?（そんなに分かっちゃう？）」もこれに
　相当します。

２）無人称の受動態：〈se ＋他動詞の三人称単数形〉

・本書 Lec.6 文法解説 2. 受身の表現 4）を参照してください。

３）無人称の能動態：〈se ＋他動詞三人称単数形＋直接目的語〉または〈se ＋
　　自動詞三人称単数形〉

・無人称の能動態の se は１）と２）のような受動態の se と異なり、無人称の
　能動態の文の主語とみなされ、「人は、人々は」という一般的で不特定の行
　為者（動作主）を表します。

　　　　Se come bien en este restaurante.

　　　　このレストランはおいしいです。（人はこのレストランでおいしく食べます）

　　　　Se trabaja mejor en equipo.

　　　　チームでした方が良い仕事ができます。（人はチームでよりよく働きます）

En Japón se respeta a los ancianos.

日本では高齢者は敬われます。（日本では人は高齢者を敬います）

Se busca a los culpables del crimen.

犯人を捜索中です。（人は犯人を捜索しています）

Se invitó a todos los habitantes del pueblo a la inauguración del puente.

橋の開通式には村の全住民が招待されました。（人は村の全住民を橋の開
通式に招待した）

4）無意志の出来事：〈se＋間接目的格代名詞＋動詞＋主語〉

・間接目的語で示される人の意志が関与しないことを表します。

・「私は彼の名前を忘れた」は、次のスペイン語で表現しますが、二つの文を
比較して違いを確認しましょう。

a）Olvidé su nombre.：主語はyoで「私は彼の名前を忘れた。」を表します。

b）Se me olvidó su nombre.：主語はsu nombreで、「（私は忘れるつもりはなかっ
たが）名前が勝手に忘れられてしまった。」といった責任回避のニュアン
スを表します。

・更に「カップが落ちた」という例文で比較してみましょう。

a）Las tazas se cayeron.：カップが落ちました。（自然現象）

b）Dejé caer las tazas.：私は（わざと）カップを落としました。（人為現象）
英語のdropは「落ちる」（自動詞）と「落とす」（他動詞）の意味がありま
すが、caerは「落ちる」という自動詞だけですので、「故意に落とした」
を表現する時はこの表現を使います。

c）Se me cayeron las tazas.：カップを落としてしまいました。（故意でない）
meは落とした人が「私」であることを示しますが、「私」に落とす気持ち
はなく、「カップが勝手に私から落ちた」という責任回避の気持ちが出せ
ます。

・上記のように〈se＋間接目的格代名詞＋動詞＋主語〉で、「思わず」「つい」「〜
しちゃった」の意味を出すことができます。

練習問題

1. 日本語と同様の意味になるように下の選択肢から適切なものを選び（　　）に入れなさい。複数回使う選択肢や一度も使わない選択肢もある。

[a / apetece / duele / duelen / encanta / falta / gusta / gustan / gusto / le / les / me / no / nos / queda / quedan / te]

1) 私はゴヤの絵がとても好きです。

（　　　　　　　　）（　　　　　　　　　　） mucho los cuadros de Goya.

2) 私たちは今外出したくありません。

（　　　　　）（　　　　　　　）（　　　　　　　　　　） salir ahora.

3) 私の祖母は膝を痛がっています。

（　　　　　　　） mi abuela （　　　　　　　）（　　　　　　　　） las rodillas.

4) ペレス夫妻は買い物に行くのが大好きです。

（　　　　　　　　） los señores Pérez （　　　　　　） （　　　　　　　　） salir de compras.

5) 試験に合格するには私にはまだまだ勉強が足りない。

（　　　　　　　）（　　　　　　　　　　） estudiar mucho para aprobar el examen.

6) 君は休暇がまだ4日残っています。

（　　　　　　　）（　　　　　　　　　　） todavía cuatro días de vacaciones.

2. 日本語と同様の意味になるように下線部に適切な語を入れなさい。

1) 私は物事を思い出すのに苦労しています。

_____ recordar las cosas.

2) 私たちは他人に親切にするのはそれほど大変ではありません。

_____ ser amables con los demás.

3) その家を見つけるのに苦労しましたか？

¿_____ encontrar la casa?

4) 私にはメキシコでの生活に慣れるのは大変ではありませんでした。

_____ acostumbrarme a la vida en México.

5) カルロスには彼女がもういないことを受け入れるのは大変だろう。

_____ aceptar que ya no está ella.

172

3. 日本語に訳しなさい。

1) El crecimiento económico de ese país depende del precio del petróleo.

_____

2) —¿Vas a la fiesta de bienvenida para Marta?
　　—Depende de cuándo.

_____

3) La victoria dependerá de vuestro esfuerzo.

_____

4) El futuro del mundo depende de todos nosotros.

_____

5) La hora de la llegada dependerá del tráfico.

_____

6) —¿Quieres viajar?
　　—Sí, pero depende de adónde vayamos.

_____

4. スペイン語の音声を聴いて下線部に書き取りなさい。また、日本語に訳しなさい。　🔊-18

1) Antes de comer _____.

2) Para entrar en el museo _____.

3) _____ cuando el semáforo esté en verde.

4) Al ir en coche, _____.

5) _____ las leyes.

6) _____ borracho.

7) _____ a sus espaldas.

Lección

9

8) _____ con la boca llena.

9) _____ si no tienes tantas ganas.

5. スペイン語に訳しなさい。

1) お久しぶりです。
   _____

2) 君が疲れているのが分かるよ。
   _____

3) 成功は君の努力次第です。
   _____

4) このアプリはとても私たちに役立つように思える。
   _____

5) 私たちは日曜日に働かなければなりません。
   _____

6) 私たちは日曜日に働かなくても良いです。
   _____

7) 私たちは日曜日に働くべきではありません。
   _____

8) 私にふとある良い考えが浮かびました。
   _____

9) 私は妹がとても気に入っていたカップを割ってしまいました。
   _____

10) 彼は身分証明書をなくしてしまいました。
   _____

表現

1. ～なのは…だからだ

   Si me he mudado es porque me llevaba mucho tiempo ir a la oficina.
   私が引っ越したのは会社へ行くのに時間がかかっていたからなの。

2. （時間が）かかる

   Tardaba más de una hora de casa a la oficina.
   家から会社まで1時間以上かかっていたのよ。

3. （何があったかというと）実は～

   Lo que pasa es que lo tenía alquilado una amiga mía.
   実は私の友人が借りていたんだ。

4. ～するとすぐに／～するやいなや

   En cuanto me lo avisó, tomé la decisión de mudarme.
   連絡を受けてすぐに引っ越しを決めたのよ。

5. 甲斐がある

   Ha merecido la pena el esfuerzo.
   頑張った甲斐があったわ。

6. ～を考慮する

   Ten en cuenta que no podré esperar una eternidad.
   永遠には待てないことは頭に入れておいてね。

7. ～しようとする／努める

   Trataré de no hacerte esperar tanto.
   そんなに待たせないようにする。

文法解説

1. 時を表す構文

   Te invito cuando todo esté en su sitio.
   全部片付いたら招待するね。

Conversación Mudanza 🔊- **19**

Kenta: No te he visto estos días. ¿Has tomado vacaciones?

Carmen: Sí, es que me he cambiado de domicilio, y por eso pedí una semana de vacaciones.

Kenta: ¿De veras? ¿Por qué? Te refieres al piso al que me invitaste el otro día, ¿no? Me pareció muy hermoso tu piso.

Carmen: Ciertamente era bonito. Si me he mudado es porque me llevaba mucho tiempo ir a la oficina. Tardaba más de una hora de casa a la oficina, no por la distancia, sino porque había mucho tráfico en el camino a la oficina.

Kenta: Ah, no lo sabía. Por cierto, decías que tenías que salir de casa muy temprano para llegar a la oficina a tiempo. Pero me ha sorprendido que te hayas mudado de repente. ¿Cómo encontraste el nuevo piso?

Carmen: Lo que pasa es que lo tenía alquilado una amiga mía, y al poco de terminar su carrera de posgrado, se fue al extranjero. Ella me preguntó si quería alquilarlo cuando ella lo dejara.

Kenta: ¿Ya habías visto el piso?

Carmen: Sí, cuando fui a su piso, me gustó mucho la zona donde vivía. Así que le había pedido que me avisara cuando se enterara de algún piso de alquiler. Por eso en cuanto me lo avisó, tomé la decisión de mudarme.

Kenta: Tuviste suerte. Pero te sería muy engorroso, ¿no?

Carmen: Sí, así es. Estaba al borde de la locura con mil cosas por hacer durante una semana.

Kenta: Sí, claro. Me imagino. Debes estar agotada.

Carmen: Pues la verdad es que sí. No he parado en toda la semana. Creí que me llevaría una eternidad empacar todas las cosas que tengo. Y, para colmo, el día de la mudanza estaba lloviendo.

Kenta: ¡Vaya! Lo siento mucho. Pero al menos estarás satisfecha con el nuevo piso, ¿no?

Carmen: Sí, estoy muy contenta. Es más amplio y tengo unas vistas preciosas. Tardo mucho menos en ir a la oficina. Ha merecido la pena el esfuerzo.

Kenta: Ah bueno, me alegro por ti.

Carmen: Te invito cuando todo esté en su sitio. **Espera unos días, unas semanas...** o quizás unos meses.

Kenta: Gracias. Pero **ten en cuenta** que no podré esperar una eternidad.

Carmen: Bueno. Trataré de no hacerte esperar tanto.

会話　引っ越し

ケンタ：このところ見かけなかったけど。休暇を取ったの？

カルメン：ええ、というのは引っ越したの、それで1週間休暇を取ったの。

ケンタ：本当？　どうして？　以前招待してくれたマンションのことだよね。すごく
　　　　素敵だと思ったけど。

カルメン：確かに素敵だったわ。私が引っ越したのは会社へ行くのに時間がかかってい
　　　　たからなの。距離があるからじゃなくて、会社までの道は交通量が多いから、
　　　　家から会社まで1時間以上かかっていたのよ。

ケンタ：ああ、それは知らなかった。そういえば会社に時間通りに着くにはすごく早
　　　　く家を出なくてはならないって言ってたもんね。でも急に引っ越すとは驚い
　　　　たよ。今度のマンションはどうやって見つけたの？

カルメン：実は私の友人が借りていたんだけれど、大学院を終えてすぐに外国に行っちゃっ
　　　　たの。それで私に、彼女が出ていったら借りたいかって聞いてくれたの。

ケンタ：そのマンションは見たことがあったの？

カルメン：ええ、彼女のマンションに行った時、彼女が住んでいた地区がとても気に入っ
　　　　たの。それで何か賃貸のマンションがあったら教えてくれるように頼んであっ
　　　　たんだ。だから連絡を受けてすぐに引っ越しを決めたのよ。

ケンタ：ラッキーだったね。でもものすごく大変じゃなかった？

カルメン：ええ、そうなの。1週間、やらなくちゃいけないことが山積みで気が狂いそ
　　　　うだったわ。

ケンタ：うん、そうだよね。想像がつくよ。疲労困憊に違いないよね。

カルメン：ええ、本当にそうなの。1週間休む間もなかったわ。全部荷造りするのに永
　　　　遠に時間がかかると思ったわ。おまけに引っ越しの日は雨が降っていたのよ。

ケンタ：まさか！　大変だったね。でも少なくとも今度のマンションには満足してい
　　　　るんでしょ？

カルメン：ええ、とても満足よ。広くて眺めも良いの。会社へ来るのにかかる時間もずっ
　　　　と短くなったし。頑張った甲斐があったわ。

ケンタ：それは良かった、僕もうれしいよ。

カルメン：全部片付いたら招待するね。何日か、何週間か、……いや何か月か、待ってね。

ケンタ：ありがとう。でも永遠には待てないことは頭に入れておいてね。

カルメン：了解。そんなに待たせないようにする。

語彙リスト

会話

domicilio	住所、住居
referirse a ～	～に言及する
mudarse	変わる、転居する
al/a poco de +不定詞	～して間もなく、～してすぐに
posgrado	大学院
enterarse de ～	～を知る
engorroso	やっかいな、迷惑な
borde	縁、境
al borde de ～	～の瀬戸際に
locura	狂気
agotado	疲れ果てた、枯渇した
eternidad	永遠、不朽
empacar	梱包する
colmo	絶頂、極限
para colmo	おまけに、更に悪いことに

＊基本的にはネガティブな意味で使われ、悪いことが重なる時に使います。

表現

simplemente	単に
en parte	部分的に、ある程度
escatimar	出し惜しむ
rival	競争相手
a pie	歩いて

esconderse	隠れる
precipitado	大急ぎの
disfrazado	変装した、偽装した
emitir	発行する
recibo	領収書
milenario	千(年)の、非常に古い
mental	精神の
imponer	課する
castigo	罰
disponible	使用可能な
limitado	限られた
contenido	内容、コンテンツ
externo	外部の
plazo	期間
prevención	予防
cuidadoso	注意深い
suceso	出来事

文法解説

dormitar	うとうとする、うたた寝する
trasladar	移動させる

練習

de antemano	事前に、前もって
contraseña	パスワード
opinión pública	世論

表現

1. 〜なのは…だからだ

Si me he mudado es porque me llevaba mucho tiempo ir a la oficina.
私が引っ越したのは会社へ行くのに時間がかかっていたからなの。
〈si ＋直説法＋ es porque ＋直説法〉

・ある事柄（結果）を述べて、その後で理由を導く構文です。

Si aprobaste el examen es porque habías estudiado mucho.
試験に合格したのは君がよく勉強したからです。

Si mis padres no me permiten casarme con él es porque no lo conocen bien.
私が彼と結婚するのを両親が許してくれないのは彼をよく知らないからです。

Si el proyecto ha salido con mucho éxito es porque todos trabajamos mucho.
プロジェクトが大成功したのは皆がよく働いたからです。

Si el número de accidentes de tráfico ha aumentado es porque se ha
incrementado el número de coches.
交通事故が増えたのは車の数が増えたからです。

・porque の前に simplemente、principalmente、en parte などの副詞をつけて表現の幅を広げることができます。

Si no fui a la fiesta simplemente es porque no tenía ganas.
私がパーティーに行かなかったのは単に行きたくなかったからです。

Si hemos tenido éxito principalmente es porque nunca hemos escatimado
esfuerzos.
私たちが成功を収めたのは決して努力を惜しまなかったことが大きいです。

Si nuestro equipo ganó el partido es en parte porque los jugadores son
excelentes, y en parte porque tuvimos suerte.
私たちのチームが試合に勝ったのは、選手が優れているからでもあるし、
運が良かったためでもあります。

Si Carlos ha perdido el partido es en parte porque su rival jugó bien, y en
parte porque le faltaba paciencia.
カルロスが試合に負けたのは相手のプレーが良かったためでもあるし、彼
の忍耐が足りなかったためでもあります。

2. （時間が）かかる

Tardaba más de una hora de casa a la oficina.

家から会社まで1時間以上かかっていたのよ。

〈tardar ＋ 時間〉

・「（時間が）かかる、（時間を）要する」を表します。

Tardé 20 minutos de la estación a la universidad.

私は駅から大学まで20分かかりました。

¿Cuánto tiempo tarda este autobús de Madrid a Toledo?

このバスはマドリードからトレドまでどのくらいの時間がかかりますか？

・〈en ＋ 不定詞〉をつけて「～するのに（時間が）かかる」を表現できます。

Tardé tres días en terminar el trabajo.

私はその仕事を終えるのに3日かかりました。

Tardaremos una hora en hacer los deberes.

私たちは宿題をするのに1時間かかるでしょう。

・tardarの三人称単数形tardaを再帰代名詞seとともに使い、〈se tarda ＋ 時間〉にすると「（一般に）（時間が）かかる」を表現できます。

—¿Cuánto se tarda de Tokio a Osaka?

東京から大阪までどのくらいかかりますか？

—Se tarda dos horas y media en Shinkansen.

新幹線で2時間半かかります。

De aquí a la estación se tarda unos diez minutos a pie.

ここから駅まで徒歩で10分くらいかかります。

・「＋時間」をつけずに、tardarだけで「遅れる」「手間取る」を表します。

Explícame por qué tardaste. なぜ遅れたのか私に説明しなさい。

El tren tarda en llegar. 列車は到着が遅れています。

Nos vemos a las seis. ¡Y no tardes! 6時に会いましょう。遅れないでね。

Tarda en contestar, a lo mejor él no está en casa.

なかなか電話に出ません、彼はおそらく留守です。

3.　（何があったかというと）実は〜

Lo que pasa es que lo tenía alquilado una amiga mía.

実は私の友人が借りていたんだ。

〈Lo que pasa es + que直説法〉

・ここではpasarは「起こる」という意味で、「起こっていることは〜」という
　言い方で「実は〜ということだ」という意味を表します。起こったことの事
　情を説明する時に使う表現です。

　　Lo que pasa es que estoy un poco nervioso.

　　実のところ私は少しあがっているんです。

　　―¿Quieres ir a la fiesta?　パーティーに行きたい？

　　―Sí, pero lo que pasa es que tengo que estudiar.

　　うん、でも実は勉強しなくちゃならないんだ。

　　―¿Estás muy ocupada?　すごく忙しい？

　　―Sí, lo que pasa es que el profesor de español nos dio mucha tarea.

　　うん、というのもスペイン語の先生がたくさん宿題を出したんだ。

　　―¿Por qué no viniste ayer?　どうして昨日来なかったの？

　　―Lo que pasó es que me quedé dormido y ya eran las once cuando me levanté.

　　それがさあ、寝過ごしちゃって、起きたらもう11時だったんだ。

4.　〜するとすぐに／〜するやいなや

En cuanto me lo avisó, tomé la decisión de mudarme.

連絡を受けてすぐに引っ越しを決めたのよ。

〈en cuanto + 直説法／接続法〉

・「〜するとすぐに」は＜en cuanto + 直説法／接続法＞で表せます。
・過去のことを述べる場合は直説法を使います。

　　El ladrón se escondió detrás de los árboles en cuanto vio al policía.

　　警官を見るとすぐに泥棒は木の後ろに隠れました。

　　En cuanto la llamaron por teléfono, María salió precipitada de casa.

　　電話をもらうとすぐにマリアは家を飛び出しました。

　　Juan me llamó en cuanto llegó a la estación.

　　フアンは駅に着いてすぐ私に電話しました。

・未来のことは接続法で表します。

Juan me llamará en cuanto llegue a la estación.

フアンは駅に着いたらすぐに私に電話するでしょう。

En cuanto sepa algo de él, te avisaré.

彼のことで何か分かったらすぐに君に知らせるよ。

・同じ意味を表すのに〈tan pronto como + 直説法／接続法〉の構文も使います。直説法と接続法の使い分けは〈en cuanto + 直説法／接続法〉と同じです。

Tan pronto como llegué a casa, me duché.

家に着いてすぐ私はシャワーを浴びました。

A pesar de que ella estaba disfrazada, la reconocí tan pronto como la vi.

彼女は変装していましたが、見てすぐに彼女だと分かりました。

Tan pronto como termine el trabajo, tengo que ir al aeropuerto.

仕事を終えたらすぐに私は空港に行かなければなりません。

Tan pronto como recibamos su pago, le emitiremos el recibo.

お支払いを受け取り次第、領収書を発行いたします。

5. 甲斐がある

Ha merecido la pena el esfuerzo.

頑張った甲斐があったわ。

〈merecer la pena + 名詞／不定詞／que接続法〉

・merecerは「値する」、penaは「苦悩」という意味で、〈merecer la pena + 名詞／不定詞／que接続法〉で「甲斐がある」「価値がある」を表します。

・主語は名詞／不定詞／que接続法で、merecerの前後いずれにも置くことができます。

Egipto es un país muy bonito. Merece la pena el viaje.

エジプトはとても素敵な国です。旅行の価値があります。

Ayer fui al cine, pero la película no mereció la pena.

昨日私は映画に行きましたが、作品はその価値はありませんでした。

Merece la pena visitar ese museo.　その博物館は訪れる価値があります。

Merece la pena leer varias veces este libro.

この本は何度も読む価値があります。

Mereció la pena organizar la conferencia sobre el tema de la neutralidad de carbono.

カーボンニュートラルのテーマに関してセミナーを開催した甲斐がありました。

—¿Qué te parece Kioto?　京都はどう思う？

—Creo que realmente merece la pena visitar esa ciudad milenaria.
あの古都は本当に訪れる価値があると思うよ。

Merece la pena que lo intentes.　君がそれを試みる価値はあります。

・penaの後ろに〈de ＋名詞／不定詞〉を置いて、penaの内容を説明すること
ができます。

Ese rey ya no merecía la pena de un recuerdo.
その王様はもう思い出すに値しませんでした。

Esta historia merece la pena de ser contada en detalle.
この歴史は詳細に語られる価値があります。

・merecerの代わりにvalerを用いた〈valer la pena ＋名詞／不定詞／que接続法〉
も同じ意味でよく使われます。

Este vino es muy caro, pero vale la pena.
このワインはとても高価ですが、その価値はあります。

Es muy difícil que encuentres ese libro. La búsqueda no vale la pena.
その本を見つけるのはすごく難しいよ。探しても無駄だね。

Vale la pena visitar ese museo.　その博物館は訪れる価値があります。

Vale la pena ver esa película. Te recomiendo verla.
その映画は見る価値があるよ。見ることをお勧めする。

Valió la pena ver esa película. Era impresionante.
その映画は見る価値がありました。感銘深いものでした。

Vale la pena que invirtamos en el proyecto.
そのプロジェクトに私たちが投資する甲斐はあります。

・否定文にすると「（そこまでの）価値はない」「無駄だ」という意味になります。

Lo que hizo Mario verdaderamente no valió la pena.
マリオがしたことは本当に無駄でした。

No merece la pena esperar a Roberto.　ロベルトを待つ価値はないよ。

No merece la pena discutir más.　これ以上議論しても無駄です。

No vale la pena comprar ese libro.　その本は買うに値しません。

No vale la pena que perdamos tiempo y esfuerzo.
私たちが時間と労力を無駄にする価値はありません。

6. 〜を考慮する

Ten en cuenta que no podré esperar una eternidad.

永遠には待てないことは頭に入れておいてね。

〈tener en cuenta + 名詞/que直説法〉

・cuentaは計算、勘定、口座、釈明、配慮などの意味があります。

　　La cuenta, por favor. （レストランなどで）お会計をお願いします。

　　Voy a abrir una cuenta en ese banco.

　　私はその銀行に口座を開くつもりです。

・〈tener en cuenta + 名詞/que直説法〉は「〜を考慮に入れる」「〜を考慮する」
　を表します。

　　Tenemos que tener en cuenta su edad.

　　私たちは彼女の年齢を考慮しなければなりません。

　　Usted debería tener en cuenta su estado mental.

　　彼の精神状態を考慮に入れるべきです。

　　Teniendo en cuenta su poca edad, no le impusieron ningún castigo a David.

　　ダビッドがまだ幼いことを考慮して、罰しませんでした。

・考慮に入れる対象が「〜すること」の場合は、que直説法で表します。

　　Deberías tener en cuenta que ya no eres joven.

　　君は自分がもう若くないことを考慮すべきでしょう。

　　Tenemos que tener en cuenta que los recursos disponibles son limitados.

　　私たちは使える資源が限られていることを考慮しなければなりません。

　　Te presto dinero, pero ten en cuenta que esta es la última vez.

　　君にお金を貸しますが、これが最後だということを心に留めておきなさい。

　　Tengan en cuenta que no somos responsables del contenido de sitios webs
　　externos.

　　私どもは外部ウェブサイトのコンテンツの責任は負いませんのでご了承く
　　ださい。

Lección

10

7. 〜しようとする／努める

Trataré de no hacerte esperar tanto.
そんなに待たせないようにする。
〈tratar de＋不定詞／que接続法〉

・不定詞／que接続法で示される動作の実現に向けての試みを表現します。

　Juan siempre trata de ayudarme.
　フアンはいつも私を助けようとしてくれます。
　Trataremos de hacer todo lo posible por ti.
　私たちは君のためにできる限りのことをするようにします。
　Tratamos de que nuestros sistemas sean sostenibles a largo plazo.
　私たちはシステムが長期的に持続可能であるように努めています。
　Traté de que los jóvenes participaran en los programas de prevención de
　desastres.
　私たちは若者が防災プログラムに参加するように努めました。
　No trato de convencerte.　私は君を説得しようとしているのではありません。
　Trate de hacer sus mejores esfuerzos.
　最善の努力をするようにしてください。
　Trata de ser más cuidadoso la próxima vez.　次はもっと注意深くしなさい。
・tratarが現在完了、点過去、線過去形で、過去のことを述べている場合は、
　通常それが達成されなかったことを表します。

　He tratado de olvidarme del horrible suceso.
　私はその恐ろしい出来事を忘れるように努めました。
　Traté de ver a mi tío varias veces, pero me resultó imposible.
　私は何度か叔父に会おうと試みましたが不可能でした。
　Trataba de olvidarme de ti.　私は君のことを忘れようとしていました。
　Ella trataba de que todos estuvieran cómodos.
　彼女は皆が快適にいられるように努めていました。

文法解説

1. 時を表す構文

・時の概念を表す表現は「〜時」「〜まで」「〜の後で」などたくさんあります。ここでは、時を示す代表的な接続詞としてcuandoに焦点を当てて見ていきましょう。

・cuandoに導かれる節では、過去に起きた事柄や習慣的行為を述べる時は直説法をとり、まだ起きていない未来のことに言及する時は接続法をとります。

1) cuando + 直説法現在

・現在の習慣的行為を表現します。

Me pongo muy nervioso cuando hablo en público.
私は人前で話す時、とても緊張します。

Voy en coche al trabajo cuando llueve.　私は雨の時は車で職場に行きます。

No debes manejar el teléfono inteligente cuando conduces.
運転する時はスマートフォンを操作してはなりません。

Cuando una puerta se cierra, otra se abre.
一つの扉が閉じる時、別の扉が開く。（捨てる神あれば拾う神あり）

Cuando el gato no está, los ratones bailan.
猫がいない時、ネズミが踊る。（鬼の居ぬ間に洗濯）

2) cuando + 直説法点過去

・過去の事柄を完了したこととして述べる場合、点過去を使います。

Cuando desperté, ya era de noche.　目を覚ますともう夜になっていました。

Ella dormitaba en el sofá cuando sonó el teléfono.
電話が鳴った時、彼女はソファーでうたた寝をしていました。

El tren estaba lleno de pasajeros cuando ocurrió el accidente.
事故が起きた時、列車は満員でした。

3) cuando + 直説法線過去

・過去の事柄を完了していないこととして述べる時や、過去の繰り返しの行為を述べる時、線過去を使います。

Cuando era niño, jugaba mucho en este parque.
私は子どものころよくこの公園で遊んだものです。

El accidente ocurrió cuando el autobús trasladaba a los alumnos a la escuela.

バスが生徒を学校へ送っていた時に事故が起きました。

Sonó el teléfono cuando estudiaba español.

私がスペイン語を勉強していた時に電話が鳴りました。

Iba en coche al trabajo cuando llovía.

私は雨の時は車で職場に行っていました。

Cuando era joven, siempre trabajaba mucho.

私は若い時はいつもたくさん仕事をしていました。

4）cuando＋接続法現在

・現実になっていないこと（未来のこと）を述べる場合には接続法を使います。

Cuando acabe este programa, vamos a salir de compras.

この番組が終わったら買い物に出かけましょう。

Cuando seas mayor, entenderás lo que te estoy diciendo.

君が大人になったら今私が言っていることの意味が分かるでしょう。

Llámame cuando puedas.　手が空いた時に電話してくれ。

Mi madre se sorprenderá mucho cuando lo sepa.

私の母はそれを知ったらとても驚くでしょう。

会話の「全部片付いたら招待するね。」は未来のことを述べているので cuando に導かれる節では接続法を使って「Te invito cuando todo esté en su sitio.」と表現しています。

練習問題

1. スペイン語の音声を聴いて下線部に書き取りなさい。また、日本語に訳しなさい。　◀))) - **20**

1) _____ es porque todos trabajamos mucho.

2) _____ es en parte porque su rival jugó bien y en parte porque le faltaba paciencia.

3) Si no fui a la fiesta _____ .

4) Si no te pedí ayuda _____ .

2. （　）の動詞を適切な形に活用させなさい。また、日本語に訳しなさい。

1) Carmen volvió a la oficina en cuanto (enterarse) _____ de la noticia.

2) Llámame tan pronto como (llegar) _____ a la estación.

3) En cuanto (terminar) _____ mis deberes, voy a jugar al fútbol.

4) Fui a verla tan pronto como (amanecer) _____ .

5) Tan pronto como nos (llamar) _____ , iremos a recibirte al aeropuerto.

3. 日本語と同様の意味になるようにスペイン語を並べ替えなさい。

1) その金額を払う価値があります。
ese / la / merece / pagar / pena / precio

_____ .

2) それをやってみる価値があります。
intentarlo / la / merece / pena

_____ .

3)　スペイン語を学ぶ価値があります。
aprender / español / la / merece / pena

_____.

4)　—マチュピチュに行ったことある？　—うん、行く価値あるよ。
allí / conoces / ir / la / Macchu Pichu / pena / sí / vale

_____.

5)　ハバナは訪れる価値のある都市です。
ciudad / es / la / La Habana / pena / que / una / vale / visitar

_____.

6)　これ以上君と話す価値はありません。
contigo / hablar / la / más / no / pena / vale

_____

_____.

4.　（　　）の動詞を適切な形に活用させなさい。また、日本語に訳しなさい。

1)　Cuando (ir) _____ de Barcelona a Madrid, siempre utilizamos el AVE.

2)　Cuando (ir) _____ el próximo lunes de Barcelona a Madrid, utilizaremos el AVE.

3)　Cuando (venir) _____ usted a la oficina, llámeme de antemano, por favor.

4)　Cuando (terminar) _____ de comer, vamos a hablar sobre ese asunto.

5)　Cuando (salir) _____, siempre llevo sombrero.

6)　Cuando ella (salir) _____ a la calle, ya era de noche.

7)　Cuando yo (tener) _____ 25 años, me trasladé a Barcelona.

8)　Cuando (dar) _____ un paseo por el parque, encontré a Juan.

9) ¿Qué quieres ser cuando (ser) _____ mayor?

10) Cuando (ir) _____ a Barcelona, no dejes de visitar la Sagrada Familia.

5. スペイン語に訳しなさい。

1) ―その仕事を終えるのに何日かかったの？
   ―1週間かかったよ。

   _____

2) ―どうして遅れたの？
   ―実は寝過ごしちゃったんだ。

   _____

3) ―マドリードからバルセロナまでどのくらいかかりますか？
   ―AVEで2時間45分かかります。

   _____

4) （あなた）もっとゆっくり話すようにしてください。

   _____

5) 私は最善の努力をするようにします。

   _____

6) 京都は訪れる価値があります。

   _____

7) 私はメキシコに着いて間もなくカルメンと知り合いました。

   _____

8) パスワードは最低6文字以上でなければいけないって頭に入れておいてね。

   _____

9) 私たちは世論を考慮するべきです。

   _____

表現

1. ～すればするほど…だ

Cuanto más frío hace, tanto más me gusta el invierno.

冬は寒ければ寒いほど好きだな。

2. 気を遣う

No te molestes. 気を遣わないで。

3. AではなくBだ

¿Los niños no piden regalos a Papá Noel, sino a los Reyes Magos?

子どもたちはプレゼントをサンタクロースじゃなくて東方の三博士にお願いするってこと？

4. ～し始める

Me puse a llorar. 僕は泣き出しちゃった。

5. ～することを約束する

Prometí comportarme bien.

いい子になるって約束したんだ。

6. ～につれて

A medida que me hacía mayor dejé de escribir cartas a los Reyes Magos.

大きくなるにつれて東方の三博士に手紙を書くことはしなくなった。

文法解説

1. 過去を表す時制

2. 譲歩文

En nuestro país los Reyes Magos son muy queridos y populares, aunque no son tan conocidos como Papá Noel en otros países.

僕たちの国では東方の三博士はとても愛されて人気だよ、ほかの国ではサンタクロースほど知られていないけどね。

Conversación   Reyes Magos 🔊-21

⟨En la calle⟩

Mei: ¡Qué frío! ¡Estoy helada de frío!

Juan: No, no hace tanto frío. Me encanta el frío. Cuanto más frío hace, tanto más me gusta el invierno. ¿Te presto mi bufanda?

Mei: Gracias, muy amable, pero no te molestes. Caminando así, me calentaré. Mira, ¿quiénes son ellos? O mejor dicho, ¿de qué están disfrazados?

Juan: Son los Reyes Magos. Según la tradición católica, estos hombres sabios vinieron desde oriente en camellos siguiendo una estrella muy brillante para visitar y dar regalos al niño Jesús, que había nacido recientemente en Belén. Ya han pasado más de dos mil años del nacimiento de Jesús, y los Reyes Magos siguen llevando regalos a los niños.

Mei: Pero ya estamos en enero. ¿Papá Noel no lleva regalos a los niños en la Navidad?

Juan: Sí, ahora, por influencia de otras culturas, cada vez más niños españoles también reciben regalos de Papá Noel el día 25 de diciembre. Pero el 6 de enero se celebra el Día de Reyes en España y también en algunos países de América Latina, si no me equivoco. En nuestro país los Reyes Magos son muy queridos y populares, aunque no son tan conocidos como Papá Noel en otros países.

Mei: Entonces, ¿los niños no piden regalos a Papá Noel, sino a los Reyes Magos?

Juan: Así es. Durante la época navideña, los niños les escriben cartas, diciéndoles cómo se han portado y qué regalos quieren recibir.

Mei: ¿Quiere decir que los Reyes Magos tienen en cuenta cómo se han portado? Entonces, ¿qué pasa si se han portado mal?

Juan: Pues, reciben un pedazo de carbón. El carbón no es de verdad, es de caramelo, pero, de todas formas, nadie quiere recibirlo. De hecho, una vez recibí el temido carbón. Me puse a llorar, recordando que no hacía las tareas, le quitaba los juguetes a mi hermanita Teresa y hacía otras cosas más que no debía hacer. Así es que prometí comportarme bien, y entonces mi padre sacó del armario el regalo que había pedido.

Mei: ¿Y luego siempre te has portado bien?

Juan: Pues, no siempre. A medida que me hacía mayor dejé de escribir cartas a los Reyes Magos, pero nunca me he olvidado del carbón que recibí aquel día.

会話　東方の三博士

〈通りで〉

　メイ：寒い！　寒くて凍えそう！

フアン：そんなに寒くないよ。僕は寒いのは大好きだ。冬は寒ければ寒いほど好きだな。
　　　　マフラー貸そうか？

　メイ：心遣いありがとう、でも気を遣わないで。こうして歩いていれば暖かくなるから。
　　　　見て、あの人たち誰？　というか、何の仮装をしているの？

フアン：東方の三博士だよ。カトリックの伝統によると、この賢人たちは、ラクダに乗っ
　　　　て東方から光り輝く星をたどってやってきて、ベツレヘムで生まれたばかりの
　　　　幼子イエスを訪ねて贈り物をしたんだ。イエスの生誕からはもう 2,000 年以上たっ
　　　　たけど東方の三博士は子どもたちにプレゼントを届け続けているんだ。

　メイ：でももう 1 月よ。サンタクロースはクリスマスに子どもたちにプレゼントを配
　　　　らないの？

フアン：そうだね、今はほかの文化の影響で、12 月 25 日にサンタクロースからプレゼ
　　　　ントをもらうスペインの子どもたちも多くなっているんだ。だけど、1 月 6 日は、
　　　　スペインや、僕の記憶違いでなければラテンアメリカのいくつかの国でも主の
　　　　公現を祝う祝日なんだ。僕たちの国では東方の三博士はとても愛されて人気だよ、
　　　　ほかの国ではサンタクロースほど知られていないけどね。

　メイ：それじゃあ子どもたちはプレゼントをサンタクロースじゃなくて東方の三博士
　　　　にお願いするってこと？

フアン：そうだよ。クリスマスの時期に子どもたちは行いがよかったか、プレゼントに
　　　　何が欲しいかを手紙に書くんだ。

　メイ：ということは、東方の三博士は子どもたちの行いを考慮するってこと？　それ
　　　　じゃ、もし行いが悪かったらどうなるの？

フアン：石炭を一かけら受け取る。石炭は本物じゃなくてキャラメルでできているんだ
　　　　けど、いずれにしても誰もそれは欲しがらないよね。実際、僕ももう 20 年く
　　　　らい前だけど、その恐るべき石炭を一度受け取ったんだ。僕は泣き出しちゃっ
　　　　たけど、宿題してなかったとか、妹のテレサのおもちゃを取り上げていたとか、
　　　　やっちゃいけないことをほかにもたくさんしていたことを思い出したんだ。だ
　　　　からいい子になるって約束したんだ、そうしたら、父がクローゼットからお願
　　　　いしてあったプレゼントを出してくれた。

　メイ：で、その後はいつもいい子だったの？

フアン：まあ、いつもではないけどね。大きくなるにつれて東方の三博士に手紙を書く
　　　　ことはしなくなったけど、あの日受け取った石炭のことは忘れたことはないよ。

語彙リスト

会話	
helado	凍った
calentarse	暖まる、熱くなる
mejor dicho (o mejor dicho)	むしろ、というか
Reyes Magos	東方の三博士（東方の三賢者、東方の三賢人）
sabio	学識のある、賢明な
oriente	東方
camello, -lla	ラクダ
brillante	輝く、きらめく
niño Jesús	幼子イエス
Belén	ベツレヘム
nacimiento	誕生
Papá Noel	サンタクロース
influencia	影響
Día de Reyes	東方の三博士の祝日（公現祭、顕現日）
equivocarse	間違える
época navideña	クリスマスシーズン
portarse	振る舞う
pedazo	一片、一かけら
carbón	石炭
temido	恐るべき
así es que ～	そういうわけで～
prometer	約束する
armario	戸棚、クローゼット

表現	
organización	組織
comunicación	コミュニケーション、連絡、伝達
convenir	都合が良い
hecho	事実
murciélago	コウモリ
infección	感染（症）
a propósito	わざと、故意に
hemisferio	半球
traje pantalón	パンツスーツ
pálido	青ざめた
deprisa	急いで
originalidad	独創性

文法解説	
reputación	評判
negar	拒否する
medalla	メダル

練習	
correo electrónico	Eメール
picante	からい

197

multimillonario, -ria	億万長者	redondo	丸い
		América	アメリカ
modo	やり方、様式	navegante	航海士
Cristóbal Colón	クリストファー・コロンブス	Américo Vespucio	アメリゴ・ベスプッチ
Indias	インディアス	continente	大陸

表現

1. ～すればするほど…だ

Cuanto más frío hace, tanto más me gusta el invierno.
冬は寒ければ寒いほど好きだな。
〈cuanto + 比較級，tanto + 比較級〉

・比例する二つの事柄を表現します。
・会話中の上の文では、比較する事柄として次のa）とb）が示されています。
　a）Hace frío.（寒い）
　b）Me gusta mucho el invierno.（冬が好きだ）
・以下の順序でこの構文を作ることができます。
①比較の文を作ります。
　a）Hace más frío.　　　　　b）Me gusta más el invierno.
②比較級のmás fríoとmásをそれぞれ動詞の前に置きます。
　a）más frío hace　　　　　b）más me gusta el invierno
③cuantoとtantoを比較級の前に置きます。
　a）cuanto más frío hace　　b）tanto más me gusta el invierno
④二つの文をカンマで区切ってつなげます。
　Cuanto más frío hace, tanto más me gusta el invierno.
・比較級の部分は、規則的な場合は〈más + 形容詞／副詞〉の形をとり、不規則な場合はmejor、peor、másなどの形になります。（⇒『初級』Lec.11）
　Cuanto más moderno es el ordenador, tanto más rápido funciona.
　コンピューターは新しければ新しいほど速く動きます。
　Cuanto más tenemos, tanto más queremos.
　多くを持てば持つほど、多くを欲しくなります。
・過去に起きた事柄や習慣的行為を述べる時は直説法をとり、まだ起きていない未来の事に言及する時は接続法をとります。cuandoに導かれる節と同じ考え方です。（⇒本書Lec.10）
　Cuanto más complicada sea la organización, tanto más difícil será mantener una buena comunicación.
　組織が複雑になればなるほど良いコミュニケーションを維持するのが難しくなります。

Lección

11

・cuandoを使って書き換えてみると次のようになります。

Cuando sea más complicada la organización, será más difícil mantener una buena comunicación.

組織が複雑になると良いコミュニケーションを維持するのが難しくなります。

・省略しても意味が分かる場合は動詞を省略できます。

Cuanto más barato, tanto más me convenía.

安ければ安いほど私には都合が良かったです。

Cuanto más, mejor.　多ければ多いほどいい。

・tantoは省略できます。

Cuanto más frío hace, más me gusta el invierno.

・「～すればするほど…でない」という反比例の事柄を表現するためには、後ろの比較級にmenosを使い劣等比較級にします。

Cuanto más deseas, tanto menos tienes.

欲張れば欲張るほど手に入るものは少なくなります。

Cuanto más te relajes, tanto menos te dolerá.

リラックスすればするほど痛みが和らぎます。

・劣等比較級の場合もtantoは省略できます。

Cuanto más queremos, menos valoramos las cosas.

多くの物を欲しがれば欲しがるほど、大切にしなくなります。

Cuanto más hablaba ella, menos claro se hacía el hecho.

彼女が話せば話すほど、事実がよく分からなくなりました。

・más/menosが形容詞の場合、修飾する名詞の性・数に応じてcuantoも変化します。

Cuantos más murciélagos hay, mayor es el riesgo de infecciones.

コウモリが増えれば増えるほど感染の危険性が高まります。

Cuantos más libros compro, menos espacio queda en casa.

本を買えば買うほど家が狭くなります。

2.　気を遣う

No te molestes.

気を遣わないで。

〈molestarse〉

・molestarは「迷惑をかける」「いらだたせる」等の意味で使います。

Me molesta mucho ese ruido. その騒音は私にはとても迷惑です。

No me molestes, que estoy trabajando.

仕事をしているんだから邪魔しないで。

No molestar. 起こさないでください。（ホテルなどでの掲示）

Él me lo ha dicho a propósito para molestarme.

彼は私を困らせようとしてわざとそう言いました。

・〈(a+人) 間接目的格代名詞 + molestar ＋不定詞／que接続法〉の構文では不定詞／que接続法を主語として「～することは（人）にとって面倒／不快である」を表します。

Me molesta hacerlo otra vez. もう一度それをするのは私には面倒です。

¿Le molesta venir aquí mañana a las tres?

明日3時にここへ来ていただけませんか？

・疑問文に答える時は注意しましょう。「～しても構いませんか」「～してもいいですか」という日本語の訳に対して、OKの場合は、日本語では「はい、いいです／構いません」と答えますが、スペイン語では「No（いいえ、迷惑ではない）」と答えます。

—¿Te molesta que ponga música? 音楽をかけて構いませんか？

—No, no me molesta nada. はい、全く構いません。

—¿Te molesta que yo fume? タバコを吸ってもいいですか？

—No. Adelante. はい。どうぞ。

・会話で使われている再帰動詞molestarseは「気にかける」を表し、〈molestarse en ＋不定詞〉で「～をわざわざする」「親切にも～する」を意味します。

Jorge se molestó en llevarnos al aeropuerto en coche.

ホルヘはわざわざ私たちを車で空港へ送ってくれました。

No se moleste en acompañarme, conozco la salida.

わざわざご一緒いただくことはありません、出口は分かりますので。

—¿Quiere que baje el volumen de la radio?

ラジオの音を下げた方がいいですか？

—Por mí no se moleste. 私のことは気にしないでください。

3. AではなくBだ

¿Los niños no piden regalos a Papá Noel, sino a los Reyes Magos?

子どもたちはプレゼントをサンタクロースじゃなくて東方の三博士にお願いするってこと？

〈no A, sino B〉

・no で否定された内容を受け、sino 以下で肯定の内容を言います。

 Carmen no es argentina, sino uruguaya.

 カルメンはアルゼンチン人ではなく、ウルグアイ人です。

 No lo hizo él, sino ella.　それをしたのは彼ではなく、彼女です。

 Las vacaciones de invierno del hemisferio sur no son en diciembre, sino en julio.

 南半球の冬休みは12月ではなく、7月です。

・「AではなくてBだ」のBの部分に節がくる時は、〈no A, sino + que直説法〉となります。

 No lo llamé, sino que fui a verlo a su casa.

 私は彼に電話したのではなくて、彼の家へ会いに行ったんです。

 Carlos no me visitó, sino que me llamó.

 カルロスは私を訪ねてきたのではなく、電話をかけてきたんです。

 Mi hermano no estudia, sino que trabaja en un hospital.

 私の弟は学生ではなく、病院で働いています。

・sino を用いる別の構文〈no solo/solamente + A + sino también + B〉は「Aだけでなく Bもまた」を表します。（⇒本書 Lec.2）

4. ～し始める

Me puse a llorar.

僕は泣き出しちゃった。

〈ponerse a + 不定詞〉

・ponerse を衣服やアクセサリーなどとともに使うと、「着る」「履く」「つける」等を表します。（⇒『初級』Lec.12）

 Mañana me pondré un traje pantalón para ir a trabajar.

 私は明日仕事にパンツスーツを着ていきます。

・〈ponerse＋形容詞／副詞〉は「〜（の状態）になる」を表します。

    Ana se puso muy pálida al ver a Juan.

    アナはフアンに会うとひどく青ざめました。

    Aquí en otoño las montañas se ponen rojas.

    ここでは秋に山々が赤くなります。

・会話で使われている〈ponerse a＋不定詞〉は、動作を開始すること（「〜し始める」）や意志をもって動作に取り掛かること（「〜に取り掛かる」）を表します。

    El niño se puso a llorar al ver a su madre.

    男の子は母親を見ると泣き出しました。

    Ponte ahora mismo a hacer los deberes.　今すぐ宿題に取り掛かりなさい。

    Pongámonos a preparar la comida para el cumpleaños de Laura.

    ラウラの誕生日のために料理を作り始めましょう。

・「〜し始める」は〈empezar a＋不定詞〉でも表現できますが、〈ponerse a＋不定詞〉の方が、より強く動作主の意志が感じられ、何らかの行動・状態から別の行動に取り掛かるという行動の変化を感じ取ることができます。

5.　〜することを約束する

Prometí comportarme bien.

いい子になるって約束したんだ。

〈prometer＋不定詞／que直説法〉

・prometerの主語と約束する内容の行為者が同じ場合は、不定詞またはque直説法を使うことができます。

    Le prometo hacer todo lo posible.　私はあなたに最善を尽くすと約束します。

    ＝ Le prometo que haré todo lo posible.

    Te prometo no llegar tarde la próxima vez.　次は遅刻しないと君に約束します。

    ＝ Te prometo que no llegaré tarde la próxima vez.

    Ella me prometió amarme toda su vida.　彼女は一生私を愛すると約束しました。

    ＝ Ella me prometió que me amaría toda su vida.

    Prométame usted no volver a mentir.　二度と嘘をつかないと約束してください。

    ＝ Prométame usted que no volverá a mentir.

・prometerの主語と約束する内容の主語が異なる場合は常に〈prometer + que
直説法〉の構文になります。

　　Le prometo que usted ganará mucho con este negocio.
　　このビジネスであなたは大きな利益を得ると約束します。

　　El profesor nos ha prometido que el examen será fácil.
　　先生は試験は簡単だと私たちに約束しました。

・prometerは意図や意志を表すので、肯定文の従属節では直説法を使いますが、
否定文では接続法を使い、〈no prometer + que接続法〉の構文になります。

　　Te prometo que Miguel vendrá a la fiesta.　ミゲルがパーティーに来ると君に約束する。

　　No te prometo que Miguel venga a la fiesta.
　　ミゲルがパーティーに来るなんて君に約束はしない。

　　No te prometí que Miguel viniera a la fiesta.
　　ミゲルがパーティーに来るなんて君に約束はしなかった。

6.　〜につれて

A medida que me hacía mayor dejé de escribir cartas a los Reyes Magos.
大きくなるにつれて東方の三博士に手紙を書くことはしなくなった。
〈a medida + que直説法／que接続法〉

・事実を述べる場合は直説法を使います。

　　A medida que me voy haciendo mayor, me parece que los años pasan más deprisa.
　　年をとるにつれて月日のたつのが速くなるように私には思えます。

　　A medida que se desarrollaba la industria, se presentaban varios problemas
　　ambientales.
　　産業が発達するにつれて様々な環境問題が発生しました。

　　A medida que crecía, la empresa perdía su originalidad.
　　その企業は大きくなるにつれて独創性を失っていきました。

　　A medida que pasaba el tiempo, iba mejorando mi español.
　　時間がたつにつれて、私のスペイン語は良くなっていきました。

・未来のことを述べる時は接続法を使います。

　　A medida que se mejore, mi madre comerá más.
　　回復するにつれて母はたくさん食べるようになるでしょう。

　　A medida que crezcas, te darás cuenta de muchas cosas.
　　君は成長するにつれて多くのことに気づくでしょう。

文法解説

1. 過去を表す時制

・会話中に過去を表す時制が使われています。会話中の直説法点過去、線過去、過去完了を抽出して確認しましょう。

1）直説法点過去：発話時より前のある時点において完結した行為・状態を表します。

Me puse a llorar.　僕は泣き出しちゃった。

Prometí comportarme bien.　いい子になるって約束したんだ。

Nunca me he olvidado del carbón que recibí aquel día.

あの日受け取った石炭のことは忘れたことはないよ。

2）直説法線過去：発話時より前のある時点において継続している行為・状態を表します。「いつ始まったか」「いつ終わったか」は示されません。また、習慣など繰り返された行為・状態を表します。

No hacía las tareas, le quitaba los juguetes a mi hermanita Teresa y hacía otras cosas más que no debía hacer.

宿題してなかったとか、妹のテレサのおもちゃを取り上げていたとか、やっちゃいけないことをほかにもたくさんしていた。

A medida que me hacía mayor dejé de escribir cartas a los Reyes Magos.

大きくなるにつれて東方の三博士に手紙を書くことはしなくなった。

3）直説法過去完了：ある過去の時点を基準にし、それより更に前（過去）の時点で完結した行為・状態を表します。

Mi padre sacó del armario el regalo que había pedido.

父がクローゼットからお願いしてあったプレゼントを出してくれた。

2. 譲歩文

・譲歩を示す代表的な接続詞はaunqueで、〈aunque＋直説法／接続法〉の構文で用います。

・譲歩文は以下の二つの節から構成されます。

「〜けれども／だとしても」という譲歩内容に当たる「譲歩節」

「〜である」という結論に当たる「帰結節」

・譲歩節で直説法を用いた場合は、事実を前提にして「～であるけれども…である」を表します。

 Aunque estudia, no aprueba. 彼は勉強しているのに合格しません。

・譲歩節で接続法を用いた場合は、仮定的内容を前提として「たとえ～であっても…である」を表します。

 Aunque estudie, no aprobará. 彼はたとえ勉強しても合格しないでしょう。

・以上の基本的考え方に加えて、譲歩節で表す内容に応じて譲歩節と帰結節の法と時制を選択します。例文で確認していきましょう。

1）事実あるいは実現性の高い未来の事柄を述べて「～ではあるが」「～とはいえ」

 〈aunque + 直説法（すべての時制）〉 + 〈直説法（すべての時制）〉

 Aunque Juan es español, no le gusta el fútbol.

 フアンはスペイン人ですが、サッカーは好きではありません。

 Aunque es joven, Carolina sabe mucho.

 カロリーナは若いですが、物事をよく知っています。

 Aunque hace buen tiempo, no quiero salir de casa.

 良い天気ですが、私は外出したくありません。

 Aunque tiene una novia con quien ha prometido casarse, todavía no ha

 dicho nada a sus padres.

 彼には結婚を約束した恋人がいますが、まだ両親に何も話していません。

 Aunque vendrá mañana, no le diré nada.

 彼は明日来るだろうけれど、彼には何も言わないつもりです。

 Aunque hacía buen tiempo, no jugué al tenis.

 良い天気でしたが、私はテニスをしませんでした。

 El Congreso aprobó esa ley, aunque tenía mala reputación.

 その法律は評判が悪かったのですが、国会は承認しました。

会話では以下の部分に使われています。

 En nuestro país los Reyes Magos son muy queridos y populares, aunque no

 son tan conocidos como Papá Noel en otros países.

 僕たちの国では東方の三博士はとても愛されて人気だよ、ほかの国ではサンタクロースほど知られていないけどね。

「知られていない」は事実なので、直説法で表しています。

2）現在の仮定あるいは実現性に疑いのある未来を仮定的に述べて「たとえ〜
でも」

〈aunque ＋接続法現在〉 ＋ 〈直説法現在／未来〉

Aunque no apruebes ese examen, no tienes que desanimarte.
その試験に合格しなくても、気を落とすことはありません。
Aunque me pidas dinero, te lo negaré.
君が私にお金を無心しても、私はそれを拒否するでしょう。
Aunque venga mañana, no le diré nada.
彼が明日来ても、彼には何も言わないつもりです。

3）現在の事実に反することや実現性が低い未来の事柄を仮定して「たとえ〜
であろうと」

〈aunque ＋接続法過去〉 ＋ 〈直説法過去未来〉

Aunque tuviéramos mucho dinero, no viajaríamos por Europa.
たとえお金がたくさんあるとしたって私たちはヨーロッパを旅行しないで
しょう。（現在の事実：お金がたくさんない）
Aunque viniera mañana, no le diría nada.
たとえ彼が明日来るとしても、彼には何も言わないでしょう。

4）過去の事実に反する事柄を仮定して「たとえ〜だったとしても」

〈aunque ＋接続法過去完了〉 ＋ 〈直説法（過去未来／過去未来完了）〉

Aunque hubiera ganado el partido, ella no conseguiría la medalla de oro.
たとえその試合に勝っていたとしても、彼女は金メダルは獲得できないでしょ
う。（過去の事実：負けた）
Aunque hubiera hecho buen tiempo, no habría jugado al tenis.
たとえ天気が良かったとしても、私はテニスをしなかったでしょう。

練習問題

1. 日本語と同様の意味になるようにスペイン語を並べ替えなさい。必要に応じてコンマを補うこと。

1) 働けば働くほどたくさん稼ぐことができるでしょう。
cuanto / ganar / más / más / podrás / tanto / trabajes

_____.

2) 運動をすればするほど君は強くなります。
cuanto / ejercicio / fuerte / hagas / más / más / pondrás / te

_____.

3) 私は考えれば考えるほど分からなくなります。
cuanto / entiendo / más / menos / pienso

_____.

4) 組織が複雑であればあるほどコミュニケーションが少なくなります。
comunicación / complicada / cuanto / habrá / la / más / menos / organización / sea

_____.

5) フアナは本を読めば読むほど人生に興味を感じました。
cuanto / interesaba / Juana / la / le / leía / libros / más / más / tanto / vida

_____.

2. 日本語と同様の意味になるようにスペイン語を並べ替えなさい。必要に応じてコンマを補うこと。

1) ルイスは医者ではなく弁護士です。
abogado / es / Luis / médico / no / sino

_____.

2) 彼ではなくて、彼のお兄さんが来ました。
él / ha / hermano / no / sino / su / venido

_____.

3) 講演会は今日ではなくて明日です。
conferencia / es / hoy / la / mañana / no / sino

_____.

4) 私は祖父母にメールを送るのではなく訪問するんです。

a / abuelos / envío / los / correos electrónicos / mis / no / que / sino / visito

_____.

3. 日本語と同様の意味になるように（　　）の動詞を適切な形に活用させなさい。

1) 彼女はメキシコ人ですが、からい食べ物は好きではありません。

Aunque (ser) _____ mexicana, no le (gustar) _____
la comida picante.

2) 雨が降っていましたが私たちはサッカーをしました。

Aunque (llover) _____, (jugar) _____ al fútbol.

3) たとえこのチャンスを失うとしても、君は落ち込むことはないよ。

Aunque (perder) _____ esta oportunidad, no (deber) _____
desanimarte.

4) 彼はたとえ億万長者になっても、今の生活スタイルを変えることはないでしょう。

Aunque (hacerse) _____ multimillonario, él no
(cambiar) _____ el modo de vivir que tiene ahora.

5) たとえその規則を知っていたとしても、私たちはそれを守らなかったでしょう。

Aunque (conocer) _____ esa regla, no la (respetar) _____.

4. （　　）の動詞を直説法点過去、線過去、または過去完了に活用させて文を完成させなさい。また、日本語に訳しなさい。

Cristóbal Colón pensó que (ser) 1)_____ más rápido y seguro ir a las
Indias navegando hacia el oeste, y no hacia el este. Él pensaba que la Tierra
(ser) 2)_____ redonda, y no plana, como (creer) 3)_____ la
mayoría de la gente. Él no (estar) 4)_____ equivocado sobre eso. Pero
imaginaba que la Tierra (ser) 5)_____ mucho más pequeña y que
(tener) 6)_____ solo un océano. Cuando Cristóbal Colon (llegar)
7)_____ a América, creía que (llegar) 8)_____ a las Indias. Solo
más de diez años después, el navegante Américo Vespucio se (dar)
9)_____ cuenta de que Colón (llegar) 10)_____ a un nuevo
continente.

5. スペイン語に訳しなさい。

1) ご迷惑をおかけして申し訳ございません。

_____

2) お茶に誘っても構わない？

_____

3) どうぞお構いなく、立っている方が良いです。

_____

4) 決して君を忘れないと約束します。

_____

5) 安ければ安いほどいい。

_____

6) 問題の鍵、というか解決の鍵は君の手の中にあります。

_____

7) 今すぐ勉強に取り掛かります。

_____

8) 私たちが山を登るにつれて気温が下がっていきました。

_____

9) 簡単であればあるほど私たちは関心を失います。

_____

表現

1. **〜せざるを得ない**

   Me veo obligado a volver a mi país.

   （私は）帰国せざるを得ないんだ。

2. **AとBとは別のことだ**

   Una cosa es saber de México y otra conocer México.

   メキシコについて知識を持つのと実際に知るのとは別物だね。

3. **〜にすぎない**

   Internet y la digitalización no son más que un método.

   インターネットもデジタル化も手段にすぎないよね。

4. **〜のおかげで**

   Todo esto es gracias a ti.

   これも皆、君のおかげだ。

5. **負っている／借りがある**

   Te lo debo todo.　全部君のおかげだよ。

6. **〜を〜に導く**

   Los halagos no te llevarán a ninguna parte.

   お世辞を言っても何も出ないわよ。

7. **〜というわけではない**

   No es que no quiera ir a Japón.

   日本に行きたくないというわけじゃないの。

文法解説

1. **si 以外の条件を表す構文**

   Con solo que me envíes un correo electrónico, haré todo lo que pueda para ayudarte.

   メールを送ってくれさえすれば、君の助けになることは何でもするからね。

Conversación   Regreso al país   🔊-22

Kenta: Se me está acercando el día de regreso a Japón. Llevo solo un año y
quiero quedarme más aquí. Pero, ya que me han asignado a un puesto
en la oficina principal, me veo obligado a volver a mi país.

Carmen: ¿Qué tal has pasado estos 12 meses en México?

Kenta: Me lo he pasado fenomenal. Para mí ha sido muy buena experiencia
trabajar en México. Antes de venir, había leído mucho sobre México,
pero una cosa es saber de México y otra conocer México.

Carmen: Yo también lo creo así. Ahora que vivimos en un mundo globalizado y
digitalizado, podemos obtener con facilidad cualquier información que
queramos por internet. Pero internet y la digitalización no son más que
un método. Como dices, conocer algo en persona es otra cosa.

Kenta: Eso es. Así que durante los dos o tres primeros meses fue un poco
complicado adaptarme a las costumbres de aquí, pero realmente he
podido aprender mucho viviendo en México. No quiero ser presumido,
pero creo que he crecido como persona. Ahora pienso que soy una
persona más abierta y me siento más seguro. Todo esto es gracias a ti.
Te agradezco mucho todo lo que has hecho por mí. Me has ayudado
tanto que he podido pasar una estadía fenomenal en México. De veras
te lo debo todo.

Carmen: Oye, los halagos no te llevarán a ninguna parte, ¡eh!

Kenta: No, no te estoy adulando. De veras te estoy muy agradecido.

Carmen: Sí, sí, lo sé, lo sé. Al contrario, soy yo quien te lo agradece mucho a ti.
He podido aprender muchas cosas contigo. Ha sido muy interesante
conversar contigo y contrastar las diferentes costumbres y maneras de
pensar. No puedo creer que ya haya pasado un año desde que llegaste
a México. El tiempo pasa muy rápido.

Kenta: Ahora espero que te toque ir a Japón.

Carmen: Sí, me gustaría, pero ahora no.

Kenta: ¿Por qué no? ¿No quieres ir a Japón?

Carmen: No es que no quiera ir a Japón. Pienso volver a la universidad para estudiar ecología en la escuela de posgrado, e investigar sobre varias cosas. Por ejemplo, las políticas ambientales de Japón podrían ser uno de los temas de investigación.

Kenta: Ah entiendo. Buen plan. Sea como sea, si necesitas algo de Japón, avísame. Con solo que me envíes un correo electrónico, haré todo lo que pueda para ayudarte.

Carmen: Gracias. Y tú no pierdas las ganas de seguir estudiando español. Ya sabes muchos modismos mexicanos y hablas español como un mexicano.

Kenta: Nos mantendremos en contacto.

会話　帰国

ケンタ：もう日本に帰国する日が近づいている。まだ1年しかいないし、もっとここにいたいな。でも、本社のポストに任命されちゃったから帰国せざるを得ないんだ。

カルメン：メキシコでのこの12か月はどうだった？

ケンタ：素晴らしかった。メキシコで仕事したのは僕にとってとても良い経験だった。来る前にメキシコについてたくさん本を読んであったけど、メキシコについて知識を持つのと実際に知るのとは別物だね。

カルメン：私もそう思う。今やグローバルでデジタル化された世界に住んでいるから、私たちはインターネットでどんな欲しい情報も簡単に手に入れられる。でもインターネットもデジタル化も手段にすぎないよね。あなたの言う通り、自分で直接知ることは別のこと。

ケンタ：そうなんだ。だから、最初の2、3か月はここの習慣に慣れるのが少し大変だったけど、メキシコに住んで本当にたくさんのことを学んだ。自慢するわけじゃないけど、人間としても成長したと思うんだ。今は自分が前よりオープンな人間に思えるし、自分にもっと自信がついたと感じるんだ。これも皆、君のおかげだ。僕のためにしてくれたこと本当に感謝してる。君がたくさん助けてくれたからこそメキシコの滞在が素晴らしいものになった。本当に全部君のおかげだよ。

カルメン：あら、お世辞を言っても何も出ないわよ。

ケンタ：違うよ、お世辞を言っているんじゃないよ。本当にすごく感謝しているんだ。

カルメン：ええ、分かってる、分かってる。反対に私こそあなたにとても感謝しているの。あなたからたくさんのことを学んだわ。あなたと話して習慣や考え方の違いを知るのはとても興味深かった。あなたがメキシコに来てから1年もたったなんて信じられないわ。時が過ぎるのは本当に早いね。

ケンタ：とにかく、今度は君が日本に行く番になればいいな。

カルメン：ええ、私もそう願うけど、今はだめかな。

ケンタ：どうしてだめなの？　日本に行きたくない？

カルメン：日本に行きたくないというわけじゃないの。大学に戻って、大学院で環境について勉強して、いろいろなことを研究しようと思っているの。例えば、日本における環境政策、なんていうのも研究テーマの一つになると思うの。

ケンタ：ああ、分かった。良いプランだね。とにかく、もし日本の何かが必要になったら、知らせてよ。メールを送ってくれさえすれば、君の助けになることは何でもするからね。

カルメン：ありがとう。あなたはスペイン語を勉強し続ける意欲をなくさないでね。もうたくさんメキシコの慣用句を知っているし、メキシコ人みたいにスペイン語を話せるんだから。

ケンタ：連絡し合おうね。

語彙リスト

会話	
asignar	割り当てる、指定する
obligado	義務づけられた
fenomenal	素晴らしい、並外れた
globalizado	グローバル化した
digitalizado	デジタル化した
facilidad	たやすさ
en persona	自分で、直接に
adaptarse	順応する
presumido	思いあがった、気取った
gracias a ～	～のおかげで
estadía	滞在
deber a ～	～に負っている
halago	お世辞
adular	へつらう、ちやほやする
contrastar	比較対照する
ecología	生態学、エコロジー
modismo	慣用句
mantenerse	（状態を）保つ

表現	
dimisión	辞表、辞職
desistir de ～	～を断念する
acceder a una escuela superior	進学する

aplazar	延期する
huelga	ストライキ
prisionero, -ra	囚人
campo de concentración	強制収容所
expresarse	自分の考えを話す
cabal	完璧な
punta	先端、角
iceberg	氷山
alquiler	賃貸借料
suposición	推測、仮定
abundante	豊富な
aguas termales	温泉
rehén	人質
liberar	解放する
sano y salvo	無事な（に）
intervención	介入
intervenir	介入する、参加する
contar con	有する、備えている
biodiversidad	生物多様性
atasco	詰まり、渋滞
demencia	認知症
perderse	破滅する
productividad	生産性
fallo	失敗
portero, -ra	ゴールキーパー、守衛

celo	嫉妬	練習	
inteligencia artificial	人工知能	hacer frente a ～	～に立ち向かう
		tenista	テニスの選手
		lesión	傷
文法解説		final	（スポーツの）決勝戦
embarazada	妊娠している	abandonar	放棄する
carné internacional de conducir	国際免許証	conformarse	満足する、従う
		récord	記録
divorcio	離婚	descuido	不注意、怠慢
encargarse de	引き受ける、面倒をみる	tifón	台風
		desatarse	勃発する、解き放たれる
dispuesto	用意のできた		
cuanto ～	～するすべての物（人）	escasez	不足、欠乏
programa de juego	ゲームソフト	día de paga	給料日
		promocionarse	昇進する
apunte	（学生がとる）ノート、覚書、メモ	avería	故障
		recetado	処方された
hablador	おしゃべりな	efecto secundario	副作用
tímido	内気な	clasificarse	出場権を獲得する、資格を得る
elector, -ra	有権者		
derecho a voto	選挙権	usuario, -ria	利用者、ユーザー
conexión	つながり、付き合い	introducir	入力する、差し込む
pequeñas y medianas empresas	中小企業	atravesar	横断する、通過する
		estrago	（戦争、災害などによる）害
bancarrota	倒産、破産		
		prudencia	慎重
		por el momento	さしあたり
		de una vez	一度に、一気に
		batir	（記録を）破る

表現

1. 〜せざるを得ない

Me veo obligado a volver a mi país.
（私は）帰国せざるを得ないんだ。
〈verse obligado a ＋不定詞〉

・「強制する」という意味の動詞 obligar の過去分詞を用います。ver に再帰代名詞をつけ、「自分自身が強制されている状態を見る」つまり、「〜せざるを得ない」「やむを得ず〜する」という意味を表します。
・obligado は主語の性・数に応じて変化させます。

> Josefina se vio obligada a cambiar el vuelo.
> ホセフィーナはフライトを変更せざるを得ませんでした。
> Nos vimos obligados a cambiar el vuelo.
> 私たちはフライトを変更せざるを得ませんでした。
> Los dos ministros se vieron obligados a presentar su dimisión.
> 大臣2名は辞表を提出せざるを得ませんでした。

・原因を示す「〜によって」「〜で」は por、debido a などを使って表します。

> Muchos jóvenes se ven obligados a desistir de acceder a una escuela
> superior por razones económicas.
> 多くの若者が経済的理由によってやむを得ず進学を断念します。
> Me vi obligado a aplazar el viaje debido a la huelga.
> 私はストのために旅行を延期せざるを得ませんでした。

・verse でなく ser を用いて〈ser obligado a ＋不定詞〉とすると受身の文となり、「強制的に〜させられる」を表します。

> Los prisioneros fueron obligados a trabajar en el campo de concentración.
> 捕虜たちは強制収容所で働かされました。

2. AとBとは別のことだ

Una cosa es saber de México y otra conocer México.
メキシコについて知識を持つのと実際に知るのとは別物だね。
〈una cosa ＋ ser ＋ A ＋ y otra ＋ B〉

・元になるのは〈una cosa es A y otra cosa es B〉という文ですが、otra の後ろの cosa と es は省略可能です。

Una cosa es entender español y otra expresarse en él.
スペイン語を理解することと自分の考えをスペイン語で言うことは別のことです。
Una cosa es predicar y otra dar trigo.
説教することと小麦を与えることは別物です。
（スペインのことわざで「助言する方が助言の内容を実践するより簡単」
という意味）

・otra に muy distinta をつけて別であることを強調できます。「～は全く別のこ
とです」を表現する時に使います。

Él me dijo que una cosa era el amor y otra muy distinta el matrimonio.
愛と結婚とは全く別のことだと彼は私に言いました。
Una cosa es ser un médico destacado y otra muy distinta ser una persona cabal.
卓越した医師であることと、立派な人間であることは全く別です。

3. ～にすぎない

Internet y la digitalización no son más que un método.
インターネットもデジタル化も手段にすぎないよね。
〈no +動詞+ más（+名詞）que +名詞／不定詞〉

・「ただ～だけ」「～にすぎない」を意味します。同様の表現に solamente（～
だけ・単に）がありますが、〈no +動詞+ más（+名詞）que +名詞／不定詞〉
には否定のニュアンスが含まれます。

Tú sabes solamente el resultado.　君は結果を知っているだけです。
Tú no sabes más que el resultado.　君は結果を知っているにすぎません。
No es más que la punta del iceberg.　それは氷山の一角にすぎません。
En este coche no caben más que dos personas.
この車には2人しか乗れません。
No tengo más que diez euros.　私は10ユーロしか持っていません。
No me quedaron más que cinco dólares después de pagar el alquiler del
departamento.
アパートの家賃を支払った後、私には5ドルしか残りませんでした。
Lo que te digo ahora no es más que una suposición.
今から君に言うことは一つの推測にすぎません。
No hay más camino que seguir el propio camino.
自分自身の道を進む以外に道はありません。

4. 〜のおかげで

Todo esto es gracias a ti.
これも皆、君のおかげだ。
〈gracias a＋名詞／que直説法〉

・主節の内容が望ましい結果を示す場合に「〜のおかげで」という意味で使います。

> Gracias a internet, actualmente se pueden hacer en casa reservas de los pasajes de avión, hoteles, etc.
> インターネットのおかげで、今は自宅から航空券やホテルなどの予約ができます。

> Gracias a las abundantes aguas termales que tiene, muchos turistas visitan este pueblo durante todo el año.
> この村には豊富な湯量の温泉があるおかげで、1年中たくさんの観光客がやってきます。

> Los rehenes fueron liberados sanos y salvos gracias a la intervención policial.
> 警察の介入のおかげで人質は無事に解放されました。

・gracias aの後ろにque直説法を置くこともできます。

> Los rehenes fueron liberados sanos y salvos gracias a que la policía intervino oportunamente.
> 警察が適切に介入したおかげで人質は無事に解放されました。

> Muchos turistas visitan Costa Rica gracias a que cuenta con una concentración de biodiversidad de las más altas del mundo.
> 世界で最も豊かな生物多様性を有するおかげで多くの観光客がコスタリカを訪れます。

・主節の内容が望ましくない結果を示す場合は、por culpa de 〜（〜のせいで）を使うことができます。

> Llegué tarde por culpa del atasco. 　道路の混雑のために私は遅れました。

> Quizás por culpa de la demencia, a ella se le olvidó pagar.
> たぶん認知症が原因で彼女は支払うのを忘れました。

> Él se perdió por mi culpa. 　彼は私のせいで破滅しました。

5. 負っている／借りがある

Te lo debo todo.

全部君のおかげだよ。

〈deber a + 名詞〉

・deberは〈deber + 不定詞〉（義務「〜しなければならない」⇒本書Lec.9）や
〈deber (de) + 不定詞〉（推測「〜に違いない」⇒本書Lec.6）の構文を学習し
ました。

> Los ciudadanos deben respetar las leyes.
> 市民は法律を守るべきです。（義務）
> Mi hijo debe de volver a las siete.　息子は7時に帰るはずです。（推測）

・ここでは上記以外の用法の便利な表現を確認しましょう。

1) deber a + 名詞：「〜に…を負っている」（会話中で使われている「Te debo
todo.」はこれに当たります。）

> Debo a Miguel 100 euros.　私はミゲルに100ユーロ借りています。
> Él debe su éxito a la colaboración de su familia.
> 彼の成功は家族の協力のおかげです。

2) deberse a + 名詞／que直説法

① 「（事物が）〜に原因がある、起因する」

> La baja productividad se debe a distintos factores.
> 生産性の低さはいろいろな要因によっています。
> La pobreza no se debe a la falta de conocimientos.
> 貧困は知識の欠如によるものではありません。
> El gol se debió a un fallo del portero.
> ゴールはキーパーのミスによるものでした。
> —¿A qué se debe su mal humor?　彼が機嫌が悪いのは何が原因ですか？
> —Se debe a que anoche perdió su equipo favorito.
> 昨晩ひいきのチームが負けたからです。

② 「（人が〜に対して）（尽くす）義務がある」

> Yo me debo a mi familia.　私は家族に尽くす義務があります。
> Los profesores se deben a sus alumnos.
> 教師は自分の生徒たちに対して責任があります。

6.　～を～に導く

Los halagos no te llevarán a ninguna parte.

お世辞を言っても何も出ないわよ。

〈llevar ＋直接目的語＋ a ＋名詞〉

- llevarは「持っていく」「身につけている」「時間を過ごす」などの意味でよく使われますが、ここでは、会話中の「～に導く」の用法を確認しましょう。
- 〈llevar a ～〉は、「～に導く」を表現します。

    Esta calle lleva al río.　この道は川に至ります。

- 会話中の文のように、直接目的語を置くと、「（直接目的語）を～に導く」を表します。

    Esta calle te lleva a la estación.

    この道を行けば君は駅に出ます。（この道は君を駅に導く）

    Los celos la llevaron a la locura.

    嫉妬のあまり彼女は狂乱状態になりました。

    ¿Adónde nos llevará la inteligencia artificial?

    人工知能は私たちをどこへ向かわせるのだろうか？

- 〈llevar ＋ a ＋不定詞〉で、「～するように仕向ける」を表すことができます。

    Estos datos llevaron a los investigadores a concluir lo siguiente.

    これらのデータから研究者たちは次のように結論付けました。

    Estos hechos me han llevado a pensar que ella no me quería.

    これらの事実から私は彼女が私を愛していなかったことに思い至りました。

7.　～というわけではない

No es que no quiera ir a Japón.

日本に行きたくないというわけじゃないの。

〈No es que ＋接続法〉

- 肯定文の場合は〈Es que ＋直説法〉の構文で「～というわけだ」を表します。否定文の「～というわけではない」では、queに導かれる従属節の内容は事実ではないので接続法をとります。

    Es que yo tengo miedo a los perros.　私は犬が怖いのです。

    No es que yo tenga miedo a los perros.

    私は犬が怖いというわけではありません。（「犬が怖い」は事実ではない）

Lección

12

No es que todos los argentinos sepan bailar el tango.

アルゼンチン人全員がタンゴを踊れるわけではありません。

No es que a todos los españoles les gusten los toros.

スペイン人が皆、闘牛が好きというわけではありません。

No es que no me guste eso.

それが気に入らないというわけではありません。

・No es que の代わりに〈no decir que +接続法〉〈no querer decir que +接続法〉
でも同様の意味を表します。

No digo que no me guste eso.

= No quiero decir que no me guste eso.

それが気に入らないというわけではありません。(←気に入らないとは言っ
ていません。)

文法解説

1. si以外の条件を表す構文

・条件を表す構文では接続詞 si を用いる表現が代表的です。

ここでは si 以外の接続詞(句)で条件を表す構文を確認しましょう。

・接続詞の後ろに que 接続法がくる場合、接続法の時制は、si を用いる条件文
と構成は同じです。(⇒本書Lec.5)

1) con solo/solo con + que接続法:「～しさえすれば」「～だけで」

Con solo que me quieras, no necesito otra cosa.

君が私を愛してくれさえすればほかには何もいらない。

Con solo que se pulse el botón, esta máquina empieza a limpiar
automáticamente.

ボタンを押すだけでこの機械は自動的にクリーニングを開始します。

Llegarás a clase a tiempo solo con que te levantes un poco más temprano.

君はもう少しだけ早く起きさえすれば授業に間に合うよ。

会話では、「Con solo que me envíes un correo electrónico, haré todo lo que
pueda para ayudarte. (メールを送ってくれさえすれば、君の助けになるこ
とは何でもするからね。)」という文がこの構文に相当します。

2）en caso de ＋名詞／不定詞／que接続法：「～の場合は」

No utilice el ascensor en caso de incendio.

火災の際はエレベーターを使わないでください。

En caso de estar embarazada, consulte a su médico antes de tomar este medicamento.

妊娠している場合は、この薬を服用する前に医師に相談してください。

Te pediré tu colaboración en caso de que la necesite.

必要な場合は君に協力を頼むでしょう。

Necesitas el carné internacional de conducir en caso de que quieras alquilar un coche en España.

スペインで車を借りたい場合は、国際免許証が必要です。

En caso de que no se discutiera mucho ese plan, la reunión no tardaría mucho.

その計画があまり議論されないのならば、会議はたいして時間がかからないでしょうが。

3）a condición de ＋不定詞／que接続法：「～という条件で」

Rosa aceptó el divorcio a condición de encargarse ella del cuidado de su hija.

ロサは自分が娘を引き取るという条件で離婚に応じました。

Te contaré mi secreto a condición de que no se lo digas a nadie.

君が誰にも言わないという条件で君に僕の秘密を言うよ。

Acompañaré a mi madre a París a condición de que ella pague todos los gastos.

母が費用を全部持つという条件で、パリまでついていきます。

4）con tal de ＋不定詞／con tal (de) ＋ que接続法：「～という条件で」

Con tal de recuperar la salud, estoy dispuesto a soportar cualquier operación.

健康を回復できるなら、私はどんな手術にも耐えるつもりです。

Él pagaría cuanto le pidan con tal de conseguir ese programa de juego.

そのゲームソフトが手に入るなら、彼は要求される額をいくらでも払うでしょう。

Te paso los apuntes con tal que me los devuelvas mañana.

明日返してくれるならノートを貸してあげるよ。

Puedes estar aquí con tal que no me molestes.

私の邪魔をしないなら、君はここにいても構いません。

5）mientras + (que) 接続法：「〜する限り」

Pienso trabajar como médico mientras haya enfermos que me necesiten.

自分を必要とする患者がいる限り、私は医師として働こうと思います。

Mientras no cambies de opinión, no trabajaré contigo.

君が意見を変えない限り、一緒には仕事をしないつもりだ。

・mientras は、「時」（〜している間）や「対立・対比」（〜なのに）の接続詞としての用法もあり、その場合は直説法を使うので注意してください。条件の意味を表す場合は接続法を使うと理解してください。

¿Puedes esperar aquí mientras voy al baño?

トイレに行っている間、ここで待っていてくれる？

Eres muy habladora, mientras que tu hermana es tímida.

お姉さんは内気なのに君はとてもおしゃべりだね。

6）a no ser / a menos / salvo + que接続法：「〜するのでなければ、〜しない限り」

No tendremos éxito a no ser que demos el siguiente gran paso.

次の大きな一歩を踏み出さなければ、私たちは成功することはないでしょう。

No se pueden comprar bebidas alcohólicas a no ser que se tenga más de 18 años.

18歳以上でなければ、アルコール飲料は買えません。

No se podían comprar bebidas alcohólicas a no ser que se tuviese más de 18 años.

18歳以上でなければ、アルコール飲料は買えませんでした。

A menos que los electores hagan uso de su derecho a voto, no funcionaría el sistema democrático.

有権者が投票権を行使しなければ、民主主義は機能しないでしょう。

Es muy difícil conseguir entradas del partido a menos que tengas una conexión especial.

特別なコネがない限り、君がその試合の入場券を手に入れるのはとても難しいです。

Cada sábado voy a la piscina, salvo que tenga mucho trabajo.

私は仕事がたくさんない限り、毎週土曜日にはプールに行きます。

7）de＋不定詞：「もし〜ならば」

・書き言葉で使われることの方が多く、siの条件文に言い換えることが可能です。

　　De enterarme de algo nuevo, te informaré de ello.
　　何か新しいことに気づいたら君に報告するよ。
　　　　= Si me entero de algo nuevo, te informaré de ello.
　　De no mejorar la situación económica, muchas pequeñas y medianas
　　empresas caerán en una crisis con riesgo de bancarrota.
　　経済情勢が好転しなければ、多くの中小企業が倒産の危機に陥るでしょう。

・不定詞を完了形（haber＋過去分詞）にすると「もし〜していたならば」の
　意味で、過去の事実に反する条件を表します。

　　De haber tenido problemas, me habrían llamado.
　　何か問題があったなら、彼らは私に電話してきたでしょう。
　　　　=Si hubieran tenido problemas, me habrían llamado.
　　De haberle dado más explicaciones, no habrías tenido ningún problema con él.
　　君がもっと彼に説明しておけば、彼とのトラブルはなかったでしょうに。

Lección

12

練習問題

1. スペイン語の音声を聴いて下線部に書き取りなさい。また、日本語に訳しなさい。　🔊-23

1) _____ a este problema.

2) _____ la oferta.

3) _____ debido a la lesión en el pie.

4) _____ la ciudad.

5) _____ con el resultado.

2. 下線部に gracias a または por culpa de/del のいずれか適切な方を入れ、日本語に訳しなさい。

1) _____ vuestros esfuerzos, hemos alcanzado un récord de ventas.

2) El autobús chocó contra un árbol _____ descuido del conductor.

3) He solucionado el problema _____ mi padre.

4) Se cancelaron muchos vuelos _____ tifón.

5) _____ que sabía nadar, pude salvar al niño.

6) Pueden desatarse conflictos _____ la escasez de recursos.

7) _____ que me despertaste, llegué a tiempo a la reunión.

3. （　）の動詞を、必要な場合は適切な形に活用させ、必要でなければ原形のまま下線部に入れなさい。また、日本語に訳しなさい。

1) Con solo que me (llamar) _____, iré a ayudarte.

2) En caso de (reservar) _____ el hotel a través de internet, hay un descuento del 20%.

3) El presidente no tendrá más remedio que (dimitir) _____ en caso de no (encontrar) _____ una solución satisfactoria.

4) En caso de que (llover) _____, suspenderemos la fiesta deportiva.

5) Te dejé dinero a condición de que me lo (devolver) _____ el día de paga.

6) Él haría cualquier cosa con tal de (promocionarse) _____ en la empresa.

7) Te prestaré mi ordenador con tal que me lo (devolver) _____ la semana que viene.

8) Con tal de que el autobús no (tener) _____ avería, todo el viaje habría ido bien.

9) Mientras (tomarse) _____ la cantidad recetada, no hay peligro de sufrir efectos secundarios de este medicamento.

10) La selección japonesa no puede clasificarse para el Mundial a no ser que (ganar) _____ los dos partidos que le quedan.

11) El acceso a los datos del sistema es imposible a no ser que el usuario (introducir) _____ la contraseña correcta.

Lección

12

12) De (atravesar) _____ el tifón por la región de Tohoku, causará grandes estragos en los productos agrícolas de la zona.

13) De (conducir) _____ con más prudencia, habrías evitado ese accidente de tráfico.

4. スペイン語に訳しなさい。

1) 私には兄弟が一人しかいません。

　　_____

2) ―私は君にいくら借りてる？
　　―10ユーロ借りてるよ。

　　_____

3) 私のこの成功は君たちのおかげだ。

　　_____

4) 努力は君に成功をもたらすでしょう。

　　_____

5) 君を愛していないというわけじゃない。でもさしあたり別れて暮らさざるを得ないんだ。

　　_____

6) 毎日1時間運動することと、1度に数時間運動することは別のことです。

　　_____

7) 世界記録を破ることと、金メダルをとることは別のことです。

　　_____

練習問題　解答

Lección 1

1. 1) me　importas　2) A　que　3) le　importaba　4) No　importa

2. 1) Me　increíble　estén　2) bien　comer　3) Qué　pareció
   4) mentira　haya　5) difícil　apruebe

3. 1) Anoche bebí tanto que me duele la cabeza.
   2) Ha nevado tanto que la carretera está cerrada.
   3) La niña lloraba tanto que un hada le preguntó el porqué.
   4) La situación política se ha complicado tanto que ya no hay quien pueda arreglarla.

4. 1) ○
   2) ×　Espero a Luisa. (A Luisa la espero.)
   3) ×　La espero a ella. (A ella la espero.)
   4) ○
   5) ○
   6) ×　Le escribí a ella una carta.

5. 1) No　tan　como　2) he　tomado　tanto　resaca　3) tenía　tanta　para
   4) tantos　que　5) hacía　calor

6. 1) observen　全員がこれらの規則を守る必要があります。
   2) deben　全員がこれらの規則を守らなければならないことは議論の余地がありません。
   3) diga　あなたが息子さんに何が正しいかを言うことが重要です。
   4) dieras/dieses　君は急ぐ必要はなかったよ。
   5) tomar　ラッシュの時間帯はタクシーより地下鉄に乗ったほうがいいです。
   6) venga　フアナがパーティーに来るか確かではありません。

7. 1) Me gustaría presentarme.
   2) ¿Qué os gustaría ser de mayor?
   3) Nos gustaría hablar con el Sr. Fernández.
   4) Finalmente hemos llegado a sentir realmente los efectos del calentamiento global.

5) ¡Si hubiera conocido a Paula antes!

6) ¡Si me lo hubieras dicho ayer!

7) No son pocos los problemas con que nos enfrentamos.

8) No es poca la gente que conoce su talón de Aquiles.

Lección 2

1. 1) Suzuki es uno de los apellidos más (comunes) de Japón.

2) ¿Es la (primera) vez que viene a México?

3) Volví a estudiar español en una escuela de idiomas (extranjeros).

4) (Mi) japonés es muy pobre.

5) Sé decir (algunas/unas) palabras.

6) Siempre que teníamos tiempo (libre) jugábamos entre todos.

7) Hay muchos mexicanos de origen (japonés).

8) Los (primeros) inmigrantes japoneses llegaron a México hace más de 120 años.

9) Muchos de los nikkeis son de la segunda, (tercera) o cuarta generación.

10) Son muy respetados en la sociedad (mexicana).

2. 1) Miles   empleados   2) Cientos   personas   3) decenas   libros
   4) Miles   millones

3. 1) Es la tercera vez que   スキーに行くのは3回目です。

2) No es la primera vez que
   人類が同様の状況に直面するのは初めてではありません。

3) mi segunda visita a Japón   今回は私の2回目の来日です。

4) Ayer por primera vez   昨日初めて乗馬しました。

5) cuando vi a Carlos por última vez
   私が最後にカルロスに会ったのはバルセロナでした。

4. 1) ganas   de   ver   2) hace   ilusión   3) tienes   ganas
   4) Me   mucha   ilusión

5. 1) 彼らは感じが良いだけでなくとても礼儀正しいです。

2) ウユニ塩湖は絶景だけでなく豊かな天然資源でも有名です。

3) 私の父はタバコを吸うことだけでなく、お酒を飲むこともやめました。

4) このモデルはリーズナブルな価格だけでなく素晴らしい品質のためよく
売れています。

6. 1) viene　invita　2) puede　tenga　3) tengo　voy　4) veo　acuerdo

7. 1) que
大学が設立されて2世紀になります。
2) Se　hace
橋は300年以上前に建設されました。
3) Llevamos　estudiando
私たちはこの大学で勉強して3年になります。
4) Desde
私は5か月前からこのマンションに住んでいます。

8. 1) No vuelvas a cometer los mismos errores.
2) No lo vuelva a hacer. / No vuelva a hacerlo.
3) —¿Sabes tocar el piano?
　—Sí, sé porque aprendí cuando era niño.
4) —¿Puedes ir a la fiesta conmigo esta noche?
　—No, no puedo porque tengo un examen mañana.
5) Debes seguir el ejemplo de tu padre.

Lección 3

1. 1) A　quién　2) Me　hacer　3) toca　conducir　4) vez　te

2. 1) Cómanla.　No la coman.
2) Pruébatelos.　No te los pruebes.
3) Regaládselos.　No se los regaléis.
4) Ponéoslos.　No os los pongáis.

3. 1) regrese　私が戻るまでここにいなさい。
2) se perdió　両親は息子の姿が見えなくなるまで手を振りました。
3) baje　熱が下がるまであなたは外出してはいけません。
4) vi　私は自分自身の目で見るまでそれを信じませんでした。

4. 1) Déjenme pensar un poco más.

2) Hice esperar a Carmen unos 20 minutos.

3) Dejen encendida la fotocopiadora.

4) No dejen olvidados objetos de valor en el autobús.

5) Los padres no le dejan a Susana viajar sola.

5. 1) es más barato de lo que me imaginaba

   この携帯電話は想像していたよりもずっと安いです。

   2) hizo mejor tiempo de lo que esperábamos

   休暇中は私たちが期待していたよりも良い天気でした。

   3) resultó más divertido de lo que yo esperaba

   私の今回の京都への旅行は期待以上に楽しいものになりました。

   4) hizo más frío de lo que se preveía

   先週マドリードでは予測されていたよりも寒かったです。

6. 1) Una vez firmado el tratado, los presidentes se estrecharon la mano.

   2) —¿Cómo te ha salido el examen?

   　　—Me ha salido muy bien.

   3) No tienes más que hablar con ella para reconciliarte.

   4) Me moría de miedo.

   5) Estoy muriéndome de frío. / Me muero de frío.

   6) Tardé más tiempo en terminar los deberes de lo que pensaba.

Lección 4

1. 1) porque　カルロスは病気なので来ませんでした。

   2) Como　私は気が向かなかったのでパーティーに行きませんでした。

   3) Como　昨日はとても寒かったので、私は1日中家にいました。

   4) Puesto que　たくさん勉強してあったので、彼女は良い成績をとりました。

   5) En vista de que

   通貨危機が長引いているので、多くの企業が従業員を解雇する決断をしました。

2. 1) sigue sin　2) resolverse　3) siguen ser　4) aclararse　5) ha detenido
   6) detenidos

3. 1) habla fuera/fuese　2) habla fuera/fuese

3) saludó   conociera/conociese   4) trataron   fuera/fuese

5) criticaron   hubiera/hubiese cometido

4.　1) Deja de decir mentiras.

2) El bebé no dejó de llorar.

3) No deje de pasar por mi casa cuando venga a Tokio.

4) No dejes de llamarme cuandoquiera que me necesites.

5) Ella no deja de trabajar ni un solo día.

5.　1) y te mejorarás pronto

よく寝て、たくさん食べてね、そうすればすぐに良くなるよ。

2) o perderás el tren

タクシーに乗りなさい、さもないと電車に乗り遅れるよ。

3) que te ayudaremos todos　心配しないで、私たち皆で君を手伝うから。

6.　1) No tuve más/otro remedio que dejar el viaje. /

No me quedó más/otro remedio que dejar el viaje.

2) Lo que dices no me suena a broma.

3) Juana me habla como si fuera mi madre.

4) Vaya en metro y llegará a tiempo.

5) No dejes de llamarme cuando llegues a Tokio.

6) Menos mal que mañana no lloverá tanto como hoy.

Lección 5

1.　1) cómo

2) qué/cuál

＊選択肢が限られている場合（例えばワインリストから選ぶ場合など）、名
詞の前にcuálを置くことも認められています。特に口語で使われる傾向
がありますが、基本的には名詞の前ではquéを使う方が普通です。

3) cómo　4) quién　5) Por qué

2.　1) fuera/fuese　me casaría　2) estuviera/estuviese　podría

3) hubiera/hubiese ido　habría conocido　4) hubiera/hubiese　podríamos

3.　1) das　de　2) Tengo　dinero　cartera　3) algo　esperanza

4) Qué　queda/viene　5) El　le　bien　6) corte　te　7) Me　pequeña

8) no　viene

4.　1) Por más que llores
　　　いくら泣いたってそんなにお菓子は買ってあげません。

　　2) Por mucho que corras
　　　どんなに走っても君はバスに追いつけないでしょう。

　　3) no siempre es justa　人生は公平だとは限りません。

　　4) no siempre hacen al mundo un mejor lugar
　　　科学上の発見が世界をより良い場所にするとは限りません。

　　5) no siempre son inmediatamente visibles
　　　被害は必ずしも即座に目に見えるものだとは限りません。

　　6) Me permite ver su pasaporte　パスポートを見せていただけますか？

　　7) Me permite entrar　Sí, adelante
　　　―入ってよろしいですか？　―はい、どうぞ。

5.　1) No sé qué regalarle a mi padre en su cumpleaños.

　　2) Te queda/viene muy bien ese collar.

　　3) Por mucho que cueste, queremos visitar Machu Picchu.

　　4) Por mucho calor que haga, me gusta el verano.

　　5) Me quedo con este bolso.

　　6) ―Me viene/queda grande esta falda.
　　　―Entonces le traigo una talla menos.

　　7) Desafortunadamente, este método no siempre funciona.

　　8) Por mucho dinero que gane, me será imposible comprar una casa en
　　　Tokio.

Lección 6

1.　1) parece　hagas　2) mentira　tenga　3) Me　necesitas
　　4) pareció　había　tomado　5) Te　a　parezco　6) se　parecen　en

2.　1) Voy　a　2) Pienso　por　3) Tenemos　de　4) intención　cumplir
　　5) idea　participar

3.　1) debe　llegar　2) debe　estar　3) Debe　haber salido
　　4) debía　recibirme

4. 1) 私たちは君が収めた成功を祝わないわけにはいきません。
   2) 私たちはその提案に異議を唱えないわけにはいきません。
   3) 私は彼の発言を聞いて笑い出さざるを得ませんでした。
   4) 何の見返りも求めずに助けを差し伸べてくれる人にトーレス氏は感謝せ
      ざるを得ませんでした。
   5) マフィアとのつながりが明るみに出ると社長は辞任せざるを得ませんでした。

5. 1) tuvimos　2) hemos tenido　3) nevó　4) ha nevado　5) me levanté
   6) me he levantado

6. 1) Has visto　he visto　2) Habéis comido　hemos comido
   3) Ha tomado　he tomado

7. 1) Universidad　fue fundada　por
      サラマンカ大学は13世紀にアルフォンソ9世によって設立されました。
   2) iglesia se fundó　この教会は13世紀に設立されました。
   3) se vende　この店では古着が売られています。
   4) Se dice　se ha producido　その国でクーデターが起こったそうです。
   5) se dice　vida　人生ははかないものだとよく言われます。

8. 1) ―¿Qué vas a hacer esta tarde? / ¿Qué piensas hacer esta tarde?
      ―Voy a estudiar español. / Pienso estudiar español.
   2) Me da pereza levantarme temprano en invierno.
   3) No pude (por) menos de/que decirle la verdad a mi madre.
   4) Se dice que el siete es un número de la suerte.
   5) Se creía que la Tierra tenía solo un océano.
   6) Organizaron/Se organizó un banquete en honor del ministro de Asuntos
      Exteriores de España.
   7) Este puente está hecho de madera.

Lección 7

1. 1) preparada　カルロスはサプライズを用意してあります。
   2) alquilado　彼女はこの近くにマンションを借りています。
   3) terminados　もう学校の宿題は済ませてあります。
   4) planeado　彼らはバルセロナへの旅行を計画してあります。

5) ahorrados　カロリーナは約5,000ユーロ貯金してあります。

6) almacenadas
   私たちは報告書を作成するために必要な情報をすべて蓄積してあります。

2. 1) pienso　あなたを思う度に幸せな気持ちになります。

2) voy　私はスーパーマーケットに行く度にワインを1本買います。

3) se despertaba
   目が覚める度に、彼は家族と暮らす喜びで一杯になりました。

4) voy
   私は新宿に行く度に、雰囲気が変わっているのに驚かされます。

5) den　タバコが吸いたくなったらいつも医者の忠告を思い出しなさい。

3. 1) Sea　quien　sea　2) Pase　lo que　pase　3) Digas　lo que　digas
   4) Sea　cual　sea　5) Pienses　lo que　pienses

4. 1) Te guste o no te guste
   好むと好まざるとにかかわらず、君は彼の意見を認めなければなりません。

2) Quieras o no　君が望もうが望むまいが、お金がかかるよ。

3) Lo crea usted o no
   それをあなたが信用しようがしまいが、私たちにはそのニュースの信憑性を確認するだけの情報がありません。

4) Hablaran mal o bien de mí
   彼らが私の悪口を言ってもほめても私は全く構いませんでした。

5) Llueva o no　雨が降っても降らなくても、試合は予定通り行われます。

6) Que yo sepa　私の知る限りでは、カルロスは昨年結婚しました。

5. 1) Por muy rápido que sea el tren bala Shinkansen
   新幹線がどんなに速くても東京から大阪まで1時間で行くことはできません。

2) por muy poderosa que sea
   いかに強大でも、1か国のみで課題を克服できる国はありません。

3) por muy tarde que sea　どんなに遅くても私に電話して。

4) Por muy bien que cante
   どんなに歌が上手でも彼女はプロの歌手にはなれないでしょう。

5) Por muy competente que sea tu profesor
   君の先生がいかに優秀でも、君が努力しなければ良い成績をとれないでしょう。

6. 1) No hay nada mejor que una cerveza bien fría cuando hace un tremendo calor.

2) No hay nada mejor que dormir para recuperarse del cansancio.

3) No conozco a nadie más honesto que mi padre.

4) No he comido nada tan rico como la paella de Valencia.

5) No he visto ningún paisaje tan sorprendente como este.

7. 1) 本気を出して勉強しないと、君は留年することになります。

2) 私の父は核戦争の可能性をとても真剣に受け止めていました。

3) カルメンは半分冗談、半分本気でパナマに住むつもりだと言いました。

4) パーティーにたくさんの人が来るかもしれません。

5) 私の記憶では、1992年にバルセロナオリンピックが開催されました。

8. 1) Tenemos escritas ya las cartas.

2) No te tomes en serio lo de ayer.

3) No creo que usted hable en serio.

4) Ocurra lo que ocurra, / Pase lo que pase, yo te haré feliz ciertamente.

5) Francamente, él no me cae bien.

Lección 8

1. 1) llegando　パレードを見るために人々が通りに到着しています。

2) creciendo　その島を訪れたいと思う人の数が増え続けています。

3) extendiéndose　その芸術家の名声は日々世界中に広がっていきました。

4) protestando　彼らは人権侵害に抗議してきました。

5) diciendo　私はそれを5年前から言ってきています。

2. 1) だんだんと手書きの手紙を受け取ることが少なくなってきました。

2) 不況のために仕事を見つけるのがますます難しくなっています。

3) ますます複雑化する世界では、おそらくそれが唯一の前進する方法でしょう。

4) 私はますます読書をする時間が少なくなっています。

5) 私は家を出てすぐに携帯電話を置き忘れたことに気づきました。

6) 私たちの会社が最悪の事態を回避するにはまだ間に合います。

3. 1) no　nada　2) No　nada　3) no　nadie　4) Ninguna　5) no　ninguna

6) ningún　nadie　7) no　nunca　8) Nunca　9) apenas　10) No　ni

11) apenas　12) No　ni　13) No　ni

4.　1) que funcione lo más rápido posible
　　　できるだけ処理能力の速いコンピューターを買いなさい。

　　2) que me visites lo más pronto posible
　　　君ができるだけ早く私を訪ねてくれることを願っています。

　　3) lo más despacio posible
　　　できるだけゆっくり話してください。

　　4) lo más detallado posible
　　　私たちはできるだけ詳細な報告書を提出しなければなりません。

　　5) lo más breves posible
　　　手紙はできるだけ簡潔でなければなりません。

　　6) gastar lo menos posible en ropa
　　　私はできるだけ衣服にお金をかけないようにします。

　　7) lo menos posible
　　　食べ物は健康に良く、長持ちし、おいしくそしてなるべく安くなければ
　　　なりません。

5.　1) Nos hemos dado cuenta de que los precios están más caros estos días.

　　2) El proyecto de presupuestos para el próximo año fiscal está lejos de
　　　eliminar el déficit acumulado.

　　3) Los vehículos de hidrógeno aún están lejos de extenderse en el actual
　　　mercado de automóviles.

　　4) Como ya son las once, no estamos a tiempo de tomar el último tren para
　　　Osaka.

Lección 9

1.　1) Me　gustan　2) No　nos　apetece　3) A　le　duelen
　　4) A　les　encanta　5) Me　falta　6) Te　quedan

2.　1) Me cuesta trabajo
　　2) Nos cuesta poco trabajo / No nos cuesta mucho trabajo
　　3) Te ha costado trabajo / Te costó trabajo
　　4) No me costó trabajo
　　5) A Carlos le costará trabajo

3. 1) その国の経済成長は石油の価格次第です。

2) —マルタの歓迎パーティーに行く？

—いつなのか次第だな。

3) 勝利は君たちの努力次第です。

4) 世界の未来は私たち全員の手にかかっています。

5) 到着の時刻は交通の状況次第です。

6) —旅行に行きたい？

—ええ、でもどこへ行くか次第ね。

4. 1) hay que lavarse las manos

食事の前には手を洗わなければなりません。

2) hay que pagar

博物館に入るにはお金を払わなくてはなりません。

3) Hay que cruzar la calle

信号が青になってから道を渡らなければなりません。

4) hay que llevar el cinturón de seguridad siempre

車で行く時にはいつもシートベルトをしなければいけません。

5) Los ciudadanos deben respetar

市民は法律を守らなければなりません。

6) No hay que conducir

酔って車を運転してはいけません。

7) No debes hablar de la gente

陰で人のうわさをするべきではありません。

8) No debes hablar

口に物を入れたまま話してはいけません。

9) No tienes que ir a la fiesta

あまり気が進まないならパーティーに行かなくてもいいよ。

5. 1) Cuánto tiempo sin verlo/la.

2) Se nota que estás cansado.

3) El éxito depende de tus esfuerzos.

4) Se me hace que esta aplicación nos va a servir mucho. /

Se me hace que esta aplicación nos sirve mucho.

5) Tenemos que trabajar los domingos. / Debemos trabajar los domingos.

6) No tenemos que trabajar los domingos.

7) No debemos trabajar los domingos.

8) Se me ocurrieron unas ideas buenas.

9) Se me rompió la taza que le gustaba mucho a mi hermana.

10) Se le perdió la identificación/el carné de identificación.

Lección 10

1. 1) Si el proyecto ha salido con mucho éxito
     プロジェクトが大成功したのは皆がよく働いたからです。

    2) Si Carlos ha perdido el partido
     カルロスが試合に負けたのは対戦相手がうまくプレーしたからでもあるし、
     カルロスに忍耐心が足りなかったからでもあります。

    3) simplemente es porque no tenía ganas
     私がパーティーに行かなかったのは単に行く気がしなかったからです。

    4) es porque no quería molestarte
     私が君に助けを求めなかったのは君に迷惑をかけたくなかったからです。

2. 1) se enteró
     カルメンはそのニュースを知るとすぐに会社に戻りました。

    2) llegues
     駅に着いたらすぐに電話してね。

    3) termine
     宿題が終わったらすぐにサッカーをするつもりです。

    4) amaneció
     私は夜が明けるとすぐに彼女に会いに行きました。

    5) llames
     電話をくれたら私たちはすぐに君を迎えに空港へいきます。

3. 1) Merece la pena pagar ese precio.

    2) Merece la pena intentarlo.

    3) Merece la pena aprender español.

    4) —¿Conoces Macchu Pichu?

      —Sí. Vale la pena ir allí.

    5) La Habana es una ciudad que vale la pena visitar.

6) No vale la pena hablar más contigo.

4. 1) vamos

私たちはバルセロナからマドリードに行く時はいつも AVE を使います。

2) vayamos

私たちが来週の月曜日バルセロナからマドリードに行く時は、AVE を使うつもりです。

3) venga

事務所にいらっしゃる時はあらかじめ電話してください。

4) terminemos

食事が終わったらその件について話しましょう。

5) salgo

私は出かける時はいつも帽子をかぶります。

6) salió

彼女が外に出ると、もう夜になっていました。

7) tenía

25歳の時に私はバルセロナに引っ越しました。

8) daba

公園を散歩していた時にフアンに出会いました。

9) seas

君は大人になったら何になりたいの？

10) vayas

バルセロナに行く時は必ずサグラダファミリアを訪れなさい。

5. 1) —¿Cuántos días tardaste en terminar el trabajo?

—Tardé una semana.

2) —¿Por qué tardaste?

—Lo que pasó es que me quedé dormido.

3) —¿Cuánto se tarda de Madrid a Barcelona?

—Se tarda 2 horas y 45 minutos en AVE.

4) Trate de hablar más despacio.

5) Trataré de hacer mis mejores esfuerzos.

6) Vale/Merece la pena visitar Kioto.

7) Conocí a Carmen al poco de llegar a México.

8) Ten en cuenta que tu contraseña debe tener 6 caracteres como mínimo.

9) Debemos tener en cuenta la opinión pública.

Lección 11

1. 1) Cuanto más trabajes, tanto más podrás ganar.

2) Cuanto más ejercicio hagas, más fuerte te pondrás.

3) Cuanto más pienso, menos entiendo.

4) Cuanto más complicada sea la organización, menos comunicación habrá.

5) Cuantos más libros leía Juana, tanto más le interesaba la vida.

2. 1) Luis no es médico, sino abogado.

2) No ha venido él, sino su hermano.

3) La conferencia no es hoy, sino mañana.

4) No envío correos electrónicos a mis abuelos, sino que los visito.

3. 1) es   gusta   2) llovía   jugamos   3) pierdas   debes

4) se haga   cambiará / se hiciera   cambiaría

5) hubiéramos/hubiésemos conocido   habríamos respetado

4. 1) era   2) era   3) creía   4) estaba   5) era   6) tenía   7) llegó

8) había llegado   9) dio   10) había llegado

クリストファー・コロンブスは、東でなく西に向かって航海してインディアスに行く方がより速く安全だと考えました。彼は、大部分の人々が考えていたように地球は平らなのではなく、丸いと考えていました。それについて彼は間違っていませんでした。しかし、地球はもっとずっと小さくて、大洋は一つしかないと想像していました。クリストファー・コロンブスは、アメリカに到達した時、インディアスに到着したのだと思っていました。それから10年以上たって初めて、航海士アメリゴ・ベスプッチがコロンブスは新大陸に到達していたのだと気づきました。

5. 1) Perdone que le moleste.

2) ¿Te molesta que te invite a tomar un café?

3) No se moleste usted, prefiero estar de pie.

4) Te prometo no olvidarte nunca. / Te prometo que no te olvidaré nunca.

5) Cuanto más barato, mejor.

6) Creo que la clave del problema, o mejor dicho la clave de la solución, está en tus manos.

7) Me pondré a estudiar ahora mismo.

8) La temperatura fue bajando a medida que subimos la montaña.

9) Cuanto más fácil es una cosa, tanto menos nos interesa.

Lección 12

1. 1) Nos vemos obligados a hacer frente
   私たちはこの問題に立ち向かわざるを得ません。

   2) Se vieron obligados a aceptar
   彼らはそのオファーを受け入れざるを得ませんでした。

   3) La tenista se vio obligada a no jugar en la final
   足の負傷のため、そのテニス選手は決勝戦を欠場せざるを得ませんでした。

   4) Los habitantes no tuvieron más remedio que abandonar
   住民は街を放棄するほかありませんでした。

   5) No tenemos más remedio que conformarnos
   私たちはその結果に満足するほかありません。

2. 1) Gracias a
   君たちの努力のおかげで私たちは販売記録を達成しました。

   2) por culpa del
   運転手の不注意のせいでバスは木に衝突しました。

   3) gracias a
   父のおかげで私はその問題を解決できました。

   4) por culpa del
   台風のせいで多くのフライトがキャンセルされました。

   5) Gracias a
   私は泳ぎができたおかげでその男の子を救うことができました。

   6) por culpa de
   資源不足のせいで、紛争が発生する可能性があります。

   7) Gracias a
   君が起こしてくれたおかげで会議に間に合ったよ。

3. 1) llames

   電話さえくれれば君を手伝いに行きます。

   2) reservar

   インターネットでホテルの予約をすると、20%の割引があります。

   3) dimitir　encontrar

   満足のいく解決策が見いだせない場合は、会長は辞任するしかないでしょう。

   4) llueva

   雨の場合は、スポーツ大会は中止しましょう。

   5) devolvieras/devolvieses

   給料日に返してくれるという条件で、君にお金を貸したんだ。

   6) promocionarse

   会社で出世するなら、彼は何でもするでしょう。

   7) devuelvas

   来週返してくれるなら私のパソコンを君に貸してあげよう。

   8) hubiera/hubiese tenido

   バスが故障さえしなかったら、旅行はすべて順調だったでしょうに。

   9) se tome

   処方された量を服用しているかぎり、この薬による副作用の心配はありません。

   10) gane

   日本代表は残りの2試合に勝たなければ、ワールドカップの出場権を獲得できません。

   11) introduzca

   ユーザーが正しいパスワードを入力しない限り、システムのデータへのアクセスは不可能です。

   12) atravesar

   台風が東北地方を通過すれば、農作物に多大な被害をもたらすでしょう。

   13) haber conducido

   もっと慎重に運転していればその交通事故は防げたでしょうに。

4. 1) No tengo más que un hermano.

   2) —¿Cuánto te debo?

   　—Me debes 10 euros.

   3) Os debo este éxito a vosotros.

4) Tus esfuerzos te llevarán al éxito.

5) No es que no te quiera. Pero, por el momento nos vemos obligados a vivir separados. /

Pero, por el momento no tenemos más remedio que vivir separados.

6) Una cosa es hacer ejercicio una hora diaria y otra es hacerlo varias horas de una vez.

7) Una cosa es batir el récord mundial y otra ganar la medalla de oro.

索引

索引

A
｜
B

索引

D
｜
E

索引

F
|
H

253

索引

I — M

P

paciencia	忍耐力	1
paella	パエリヤ	3
paellera	パエリヤ用鍋	3
pálido	青ざめた	11
palito	palo（棒）の縮小辞	6
pantalla	画面、スクリーン	3
Papá Noel	サンタクロース	11
para colmo	おまけに、更に悪いことに	10
pedazo	一片、一かけら	11
peinado	髪型	5
pena	苦悩	6
pepino	キュウリ	6
pequeñas y medianas empresas	中小企業	12
perderse	破滅する	12
perderse de vista	見えなくなる	3
perdonar	許す	8
pereza	怠惰、不精	6
permanencia	滞在	2
personaje	（登場）人物	1
pesca	釣り、漁	1
picado	みじん切りの	3
picante	からい	11
pirámide	ピラミッド	1
Pirineos	ピレネー山脈	9
planear	計画する	7

planeta	惑星	8
plano	平らな	6
plazo	期間	10
poco original	ありふれた	4
por el momento	さしあたり	12
por supuesto	もちろん	1
porqué	理由	1
portarse	振る舞う	11
portero, -ra	ゴールキーパー、守衛	12
posgrado	大学院	10
precios	物価	8
precipitado	大急ぎの	10
preferir A a B	B よりも A を好む	7
preocupante	気がかりな	8
prepararse para ～	～の準備をする	1
presentar	提出する	3
presumido	思いあがった、気取った	12
prevención	予防	10
prever	予測する	3
prisionero, -ra	囚人	12
pro	利益、利点	9
probar	試す	5
problema ambiental	環境問題	8
productividad	生産性	12
programa de juego	ゲームソフト	12
programar	計画を立てる	7
prolongarse	長引く	4

索引

［著　者］

阿由葉恵利子（ あゆは　えりこ ）
・・
東京外国語大学スペイン語学科卒業。
東京外国語大学大学院地域研究研究科修士課程卒業。
メキシコ国立自治大学大学院哲文学部中南米研究科博士課程修了。
亜細亜大学、早稲田大学講師。
政府首脳、閣僚等要人の通訳、国際会議の同時通訳。各種文書の翻訳。

［音声吹込］
German Miguez Vargas、Irma Arauz

スペイン語レッスン中級

2023年7月12日　　初版第1刷発行

著　者　　阿由葉恵利子
発行者　　藤嵜政子
発　行　　株式会社スリーエーネットワーク
　　　　　〒102-0083　東京都千代田区麹町3丁目4番トラスティ麹町ビル2F
　　　　　電話：03-5275-2722（営業）　03-5275-2725（編集）
　　　　　https://www.3anet.co.jp/
印　刷　　三美印刷株式会社